運動比賽的心理

吳萬福著

臺灣 學生書局 印行

前 言

　　只要是政治修明，經濟發展，教育普及，社會安定的國家，
其文化活動必定極為興盛，水準也很高。運動（ Sports ）也是文
化活動之一。凡屬先進國家，其各項運動的普及是有目共睹的。
近年來我國的政治、經濟、軍事、教育、文化各方面在英明的
領袖與大有為的政府領導下有顯著的進步與發展。成為教育文化
活動之一的體育運動亦不例外，確較前進步許多。

　　人類從事運動的動機很多，但是根據調查，多數人的動機在
滿足享樂，實現自我，消遣散心，維護健康，敦睦友誼而從事運
動。而這些運動又可依其目的或性質可分為教育性運動、休閒性
運動、職業性運動與錦標性運動等若干種。本書擬以錦標性運動
為範圍，根據資料闡明運動比賽的心理，以為運動員、教練及有
關人員做參考。由於運動項目繁多，比賽方式迥異，加上個人能
力有限，實無法蒐集資料，敍述所有運動比賽心理，故本書擬就
運動比賽的一般性問題與田徑運動比賽時的運動員心理做一說明
，以為教練或選手們的參考。

運動比賽的心理

運動比賽的心理　目次

壹、運動比賽

　　根據調查分析，人之所以喜歡運動的原因是，人類具有活動的需求，尊敬的需求與自我實現的需求（註一），而運動可以滿足上述需求的緣故。日本東海大學教授竹之下休藏的報告，現代日本人喜歡從事運動的比例高達62％,討厭者只佔7％（註二），不喜歡也不討厭者佔31％,而喜歡運動者的動機，多屬可從運動中獲得樂趣，刺激、或可以散心、休閒、促進友誼，維護身心健康等。其中以運動中獲得樂趣或滿足者所佔比例最多。由此調查報告中可知運動對於生活在現代社會的人，已形成不可缺的一部份。

　　人們從事運動的動機，雖然因其目的或需要而有所不同，但是對於體力，運動技術條件優異而年輕力壯的青少年來說，參加各項運動比賽，創造優異成績無疑是他們最重要的目的。

一、運動比賽的意義

　　運動比賽是運動員將平時所練習的結果，在一定的場地、設備、規則、裁判與觀眾之下，發揮全力量，競爭或比較成績或技術高低的活動。因此對運動員來說比賽是考驗個人或調查個體的具體目標或目的的活動。運動員參加運動比賽時不僅要比

賽體力的強弱，技術的高低，也要比賽心理機能的優劣。因此
參加比賽時如能瞭解比賽的特性，定可以適應比賽場面，發揮
平時練習的效果。

二、運動比賽的特性

比賽是多數運動員以個人或團體爲單位，在一定場地、設備
、公認規則或裁判員與觀衆下所進行的活動。其場面可說是極
爲緊張不安。對絕大多數的運動員來說，對比賽場地、設備、
比賽對象相當生疏也說不定。同時參加規模龐大，或著名的大
比賽時，會受到傳播工具所報導的比賽預測、運動員介紹等消
息的刺激，使得參加比賽的運動員，增加心理的不安或負擔。

運動比賽的場面具有輸贏的兩種可能性。有時被認爲必勝的
運動員或球隊，因某種因素或原因而會遭滑鐵廬，相反的認爲
全無希望的比賽，會發生奇蹟般轉敗爲勝的局面。

運動員處在這些多種刺激中，其身心會感覺緊張不安。這種
情形不僅發生在比賽當天，對於較爲敏感的運動員來說，可能
在比賽前數天或一週以前就會無法安定心理，天天過着緊張不
安的生活。甚至不戰之前就變成精疲力竭的狀態。

通常，人處在過多刺激的場面時，會產生不快感，與自卑感
。內心會自感軟弱無力，茫然不知所措。這是因怕"失敗"所
引起的恐懼心理所作祟的徵象。多數人都有一種逃避恐懼、不
安、痛苦的心理傾向，因此無形中會產生上述反應。此時的心
理狀態在外表上看來似乎茫然不知所措，實際上愈是心理混亂

時其關心程度愈大。

　吾人可從日常生活中體驗到，一個人遭遇某種困難時會爲設法解決該困難而動其腦筋（這些方法包括請他人或參考各種資料），但是當該困難程度加深而得不到合理解決時，會產生自暴自棄，聽天由命的心理，甚至放棄解決困難而聽其自然發展。

　當一個人失去自信，或消極懦弱時，也會產生經不起考驗的結果。不過我們要知道一個人所受刺激的大小，是與主體內（個人）的內部力量相對稱的。假如外來的刺激力量很大，而主體內部力量小時，外來刺激會加大，相反時會減少。所以運動員參加比賽時，最重要的是樹立自信心，以冷靜的頭腦，泰然的態度以赴比賽才是上策。如想要以上述心理態度參加比賽，最好還是平時多加練習並且增加比賽經驗才好。

三、影響運動比賽的各種因素

　由上述已經瞭解，運動比賽是一種具有極緊張、興奮不安的活動場面，同時也可以猜得出來這些緊張、興奮、不安的場面受許多因素的影響。衆人皆知，比賽是由多數運動員以個人或團體方式在一定場地、設備與規則之下，由裁判員擔任評判工作進行的比較運動技術、團體合作、旺盛鬥志的活動。當然在這種活動中少不了衆多的觀衆。因此可知運動比賽確由各種因素所構成。換一句話來說，運動比賽會受上述各種因素所影响。

㈠比賽與運動員（選手）

　選手是運動比賽的主角，無選手卽無法成立比賽。比賽的

形態可分爲個人性比賽，對人性比賽與團體性比賽。不論屬於何種形態的比賽，參加該比賽的運動員均屬一流的高手或球隊，其運動精神極爲高尙時，該比賽往往會吸引所有的觀衆，引起絕對的共鳴與讚賞。也可由運動員在比賽中的各種表現，體會出人的活動美，合作美與盡全力創造最高紀錄的崇高精神。一場勢均力敵，高水準技術的球類比賽可使爆滿的觀衆如痴如醉，融入了比賽的場面。相反的技術水準參差不齊或精神萎靡不振、投機取巧、不遵守規則、不服從裁判的比賽，不僅無法形成比賽應有的高潮，反而會破壞運動員間或兩隊間的友誼，甚至會引起觀衆的不滿與唾棄。可知運動員的素質、風度、技術水準，確會影響比賽的成敗。

（二）比賽與裁判

僅有參加比賽的運動員或球隊而沒有執行評判工作的裁判員，比賽是無法成立的。任何一個國家或任何單項運動協會都有檢定或公認裁判制度，這是因爲裁判員的素質或水準對於舉行比賽來說極爲重要的緣故。我們常可發現一流的裁判員在比賽場地執法時，其反應極爲迅速正確，其態度嚴肅而不苛，其精神公正不偏的事實。結果使得參加比賽的運動員與參觀的觀衆心服口服。相反的也可以看到有些裁判員的條件不夠理想，不諳比賽規則，執法時反應不快，常受情感的起伏或好惡來判定違規動作，使得參加運動員無法適應比賽。因此會引起觀衆的不滿，使得本來可以順利進行的比賽反而弄得一團糟。只要喜愛各項運動的觀衆或曾經參加過任何一種比賽的運動員，相信均會承認執法的裁判員確是影響比

賽成敗重要因素之一。

㈢比賽與觀衆

　　任何參加過比賽的運動員，都會感覺到衆多的觀衆可以增強比賽的氣氛。同時有組織的啦啦隊更可以提高運動成績，或間接的鼓勵運動員有良好的表現。根據日本體育心理學家松井三雄說（註三），運動比賽的觀衆是屬於定期的群衆，是具有下列三種特徵：

　　1.與其他任何群衆一樣，運動比賽的觀衆具有明確的注意焦點。這種事實可由許多觀衆在賽前直呼優秀或自己喜愛的運動員的姓名或球隊，獲得證明。

　　2.運動比賽的觀衆會爲了參觀比賽而準備有關比賽或規則的知識。

　　3.運動比賽的觀衆具有附和雷同性質。換言之，具有被暗示性質。尤其觀衆的情感豐富時，這種傾向更顯著。

　　運動觀衆可分爲兩種，一種是屬於旁觀者，並沒有特別愛好某一運動員或球隊的心理傾向，一種是具有相當程度的運動知識，並且心目中有喜愛或擁護的運動員或球隊。我們可由近年來盛極一時的青年、青少年、少年棒球的地區性，全國性，遠東地區，甚至世界比賽時的棒球觀衆的表現可以看出，觀衆對於棒球比賽的入迷或關心程度。過份的關心或喜愛某球隊的成敗時，這些觀衆往往會將自己與運動員或球隊投合在一起。運動員或球隊的一舉一動好像是自己的一舉一動的一樣，極爲關心。因此，在緊張刺激不分勝負時會發生觀衆如痴如醉的忘我興奮狀態。此時如果發生裁判不公或運

動員表現不佳或態度惡劣時，會引起公憤，甚至會發生秩序大亂，觀衆打裁判、選手，致發生比賽無法進行的現象。

相反的在比賽時觀衆稀少或觀衆過於冷淡時，確無法興起比賽高潮。通常這種現象會發生在技術水準較低、較冷門的運動比賽裡。爲此如果想要辦好比賽，如何動員具有運動知識的觀衆，確是一個極爲重要的一個課題。

㈣比賽與場地設備

民國 64 年度台灣區運動會曾在 64 年 10 月 19 日至 25 日在台北市舉行。台北市爲迎接第二屆台灣區運動會，曾經花費了億萬元以上的經費修建了田徑場的斯可坦跑道、綜合體育館、室內外游泳池，田徑場及棒球場的夜間照明設備，有些場地設備甚至達到相當理想的水準。不巧在台灣區運動會開幕典禮後連續下了數天的雨，使得若干在室外舉行的運動比賽受到嚴重的影響。其中最嚴重的莫過於棒球、足球、橄欖球、手球、網球等非在室內舉行的項目，所有的運動員均在泥濘不堪的場地做敵我無法分清楚的爛泥戰，使得平時所練的技術或團體合作（攻守）無法發揮。但是相反的田徑場內的徑賽與跳部項目，雖然在室外舉行，但是由於使用斯可坦跑道，不怕風吹雨打，仍能保持全天侯的條件，因此比賽不受影響，甚至有些項目還打破了全國或大會記錄。除此之外，在體育館等室內場地舉行的項目，因室內場地的鋪設，灯光、設備均極爲優異，反而使比賽成績比已往進步。由此可見場地、設備的良莠確可影響比賽。

㈤比賽與氣候

　　過度炎熱的氣溫與寒冷的環境，或雨天室外比賽均會影響比賽。以第二屆台灣區運動會或多屆在台北市舉行的中學或中上運動會爲例，只要在天氣寒冷，多雨的季節舉行運動會時其成績必會受影響。過度高溫的天氣會使運動員多流汗，以致消耗過多的體力，降低比賽的慾念。過冷的天氣會使運動員肌肉緊張收縮，無法使出平時所練習的技術，難怪國際排球聯盟有一規定，不論比賽在室內外舉行，如果氣溫低過攝氏8度時應停止比賽以防運動員受傷。筆者曾參與多屆全國大專運動會，記得有一年在屏東體育場舉行全國中上聯運時，大專乙組的五千公尺和一萬公尺比賽均排在上午十時以後下午三時以前，運動員在大太陽的直射下進行競賽，使得部份運動員無法完成全程比賽而紛紛棄權，甚至少數運動員體力不支而暈倒。同樣的有些單項比賽，例如足球、橄欖球、手球等往往在風雨無阻的條件下進行比賽，雖然此舉對於培養奮鬥精神也許有些助益，但是站在運動技術的切磋觀摩或安全的原則來說不無商榷的餘地。如果運動比賽的目的是在考驗運動員平時訓練的成果，主辦當局應多考慮時間與地點，在盡可能範圍內選擇氣候宜人之時舉辦比賽才是上策。

貳、教練與運動比賽

　　不論業餘性運動員或職業性運動員，如果想要在各種**比賽**發揮能力創造優異成績時平時必需有計劃的練習。如想要在練習或比賽時有良好表現却少不了教練的指導。只要稍注意世界上有名的運動選手的練習或參加比賽情況時多會發現那些優秀運動員在平時或比賽時均接受優秀教練的指導。由這些事實可知教練對於比賽的重要性。談到教練時一般人只瞭解教練是擔任運動技術的指導或指示攻守戰略的人，而不一定對教練的職責或任務有進一步的認識，玆分教練的職責（任務）、類型、心理等加以分析，以爲讀者的參考。

一、教練的機能

　　吾人常會聽到一般人批評某球隊教練在比賽上所指示的攻守策略得宜，因此獲得勝利，相反的也會聽到由教練臨場指導不當，因此走錯一步棋鑄成全盤輸的結果。由此來說，究竟教練應具備的**機能**有那些？這是值得推敲的問題。日本筑波大學教授松田岩男說（註四），教練應具有三種機能：

第一種是達成目標的機能也就是說擬訂練習計劃鍛鍊運動員提高記錄或增進運動技術，企求團體合作，以最好的身心條件參

加比賽，創造優異成績的機能。

第二種是管理並合理指揮所屬運動員，使所屬運動員產生對團體的向心性（團結力）增進隊友間的人際關係，提高士氣的機能。

第三種是判斷狀況的機能。身爲敎練者必需隨時注意運動員的身心狀況，運動機能的缺點，甚至應判斷比賽對象的狀況，敎練本身所做的事情是否適應等各種狀況。記得獲得 1975 年世界靑少棒冠軍的中華隊，在參加比賽以前因受到各種因素的限制，無法及早抵達比賽地點並且搜集不到新修訂的規則與各隊的情報，致使差一點遭到失敗。類似這種事情極多，所以判斷狀況確是敎練極爲重要的機能之一。

圖 1　敎練的職責

教練爲了指導運動員參加比賽獲勝而達成夙願時，必須先發揮第二、三種機能才行。實際上許多敎練雖然具有優異的才能，但是由於執行工作時發生偏差，只注重技術的訓練與臨場的指導，勿視平時或比賽時搜集敵我有關資料，或不太注意隊友間的人際關係或團隊精神的培養，以致運動員遭遇困難時容易失去信心以致瓦解。身爲敎練者實不可不愼。

二、教練應具備的條件

教練應具有達成目標，管理並統一所屬運動員，判斷狀況等三種機能。那麼一位優秀的教練又應具備那些條件呢？依筆者多年的經驗與參考所搜集的文獻，一位優秀的教練應具備下列條件：

㈠能洞察運動員的素質，與未來的可能發展性。

　　培養優秀運動員的第一步工作是發掘具有優秀素質的運動員。以目前來說發掘優秀素質的運動員的方法很多，例如採用各種體力、運動能力、運動技術等測驗來發掘，或多舉辦運動會來發現優秀人才。但是上述方法仍然有許多缺點，無法發現真正具有優秀素質的運動員，在這個情況下，身為教練者應根據各項目的特性、條件，隨時注意具有運動才能的學生或青少年的日常行動。除採用客觀的測驗方法外，以主觀的觀察法、洞察或推理優秀運動員的現狀與未來。目前美、日、德、英等先進國家均設有專門偵探或尋找運動員的人員，但是我國却無法做到這一點。所以教練如能兼具發掘並推理運動員的未來時，即能收到事半功倍之效。對於這一點來說，發掘楊傳廣並加以培養的關頌聲、張震海等先生，或發現紀政之瑞爾，資送李秋霞、戴世然、蘇文和等選手赴美、日受訓的中華民國田徑協會會長王惕吾及有關教練確是具有慧眼識英雄或伯樂識千里馬之功夫。

㈡應能充分瞭解運動員對該項運動的心理適應性。

　　擔任教練者對運動員來說，不僅要具備站在身體方面來推理該運動員技能的未來發展可能性，同樣的也應充分瞭解運動員爲了發展潛在能力，同樣的必須具有堅強的意志，努力練習的心理特性才行。這種心理特性確對未來的成敗具有關鍵性機能。平時是否積極自動孜孜不倦的依照計劃練習，風雨無阻的堅毅意志，時常收集資料參考改進練習方法，研究技術要點，態度，參加比賽時是否容易怯場，練習與比賽時的成績差異等。教練如能事先瞭解運動員的心理特性或適應性時，確可以收到事半功倍的指導之效。

㈢訂定並促進運動員實踐合理有效的訓練（練習）計劃。

　　任何具有優異素質的運動員，正如未琢磨的寶石一樣，如果不經過相當時間的訓練無法成爲一流的運動員。所以教練應針對各運動員的身心特性，條件，擬訂合理有效的訓練計劃，使他們從事練習時有所遵循。擬訂訓練計劃時除視個人的身心條件、技術、程度外，還要考慮到運動員所參加的項目、位置等問題。教練擬訂計劃時首先應注意訂定具體的目標，這些目標應以參加比賽爲依據。但是對團隊項目來說，各隊員的目標因其年資、經驗、技術差異而有所不同。例如對資深的運動員來說，希望能改進已往的技術缺點或體力不足以便在下季比賽時增加得分率；對新進的球員來說，以能充實基本體力與技術，早日適應球隊的生活與比賽場面，有時能上場嚐試一下，以體驗眞正比賽的滋味等。再以個人性運動員來說依個人的能力、條件來決定具體的成績或紀錄做爲目標等。

　　當確定目標後，計算達成目標之間的時間，擬訂練習的內容、程度、對比賽的籌備等。通常訓練計劃可劃分爲準備、鍛鍊、調整等三期。第一期的重點在加強體力，第二期是基本與運用技術，第三期是綜合練習，並調整良好的身心狀況，以便參加比賽。侯擬妥訓練目標與訓練大綱之後，進一步以月、週、日等單位訂定練習計劃。換言之，運動員的練習計劃確具有與學校教育課程相同的性質，必需是具體、合理而能收實效的。

　　爲了評鑑訓練計劃是否合理有效，可由運動員每日的練習心得，疲勞程度加以分析。如果發現運動員的體力、技術不斷的在進步，興趣與信心日漸升高時，可知該計劃是合理的，如發現運動員有過度疲勞，失去興趣傾向時應及時調整或修正練習方式或內容（質與量）。爲此擬訂練習計劃時切勿由教練獨自擬訂，最好和運動員共同起草，以獲得雙方的充分瞭解才好。

㈣教練的最重要任務在提高運動員的練習慾念。

　　教練負有指導運動員提高技術水準，創造優異成績的任務。爲此，最重要的一點是如何提高運動員的練習慾念。人並非機器，運動員更有其本身的想法與慾望。一味採取由上而下的強制注入式的訓練（ Hard Training)不一定能收到預期的效果。希望運動員能接受劇烈訓練時，應注意兩種條件：第一是運動員本身是否對該項運動具有強烈的關心，能不能自行擬訂目標，有無具備熱心練習的慾念。第二是教練的人格，指導理論或技術是否能獲得運動員的信賴與尊重。如果

上述兩種條件是肯定的話，所屬運動員可以經得起劇烈的訓練。

　　教練並非根據個人的判斷與思考就可以訓練好運動員，必需能充分了解運動員的素質，優缺點，以合理的方法引導運動員發揮專長，減少缺點才能收到訓練的效果。最好的方法是教練與運動員在情感上能密切連繫，運動員能充分理解教練的企圖。如能做到上述要求，教練的工作可說已成功一半以上。

㈤針對運動員的個性加以指導（因材施教）。

　　人是具有生命現象的有機體，其形態、身心機能均有大小不同的個別差異。日本著名的運動員，也是有名的田徑教練，織田幹雄曾在「我對加強田徑選手的構想」論文中述及「沒有一種訓練法對任何人來說是絕對正確而有效的，雖然教練們所採用的是科學的訓練法，但是想要企求類似機械的正確性，是不可能的」（註五）。這一句話的意思顯然的指出，人非機器，各具有個性。忽視個性時，無法收到訓練效果。

　　由上述理由可知，一位優秀的教練應充分瞭解現代科學訓練法，然後以此爲基礎，視各運動員的不同個性加以變化運用，以收適合個性的訓練效果。尤其愈是技術程度提高時受運動員所具有的身體素質的影響愈大，此時如不能仔細分析各運動員個性時，可說無法進行有效的訓練。爲此身爲教練者，爲了獲得運動員的尊敬與信賴，必需精心研究運動技術，瞭解運動員個性，如此才能幫助運動員獲得技術上的進步。教練切勿只靠過去的經驗來做指導的依據，應多觀察優秀

選手的比賽技術，並加以分析研判，站在運動員的立場找出練習原理才行。

吾人往往在比賽場地發現對一位優秀的運動員，自認資深或一流的若干教練，同時給與該運動員做臨場指導的現象。這些臨時教練雖屬好意，但是因個人對該運動員資質的認識不深，技術研究的深淺也不一樣，因此所提出來的觀點或指導要點不一定一致，反而使接受指導的運動員產生了不知聽誰才好而發生困擾的反應。如此不僅無法收到教練的功用，對運動員來說反而會產生不良的作用。

不論如何教練應具有優異的觀察、推理、分析等能力，對每一位運動員均能迅速指出其優點與缺點，使其如何發揮長處與迅速改正缺點，如是才能稱謂真正的好教練。

㈥應該考慮如何組訓團隊。

對個人性運動來說，也許可以將重點排在個人的技術指導上，但是對團隊性運動來講，除了訓練各個人的運動技術以外，還得要用心製造，協調合作、士氣高昂的團隊氣氛。

當某一球隊想要發揮球隊機能時，必須每一個球員能各自發出最大機能，同時各該球員所發出的力量能綜合成為巨大身心合力才行。要達到這種目的，事先應減少球員間的反目摩擦以改善人際關係，樹立球隊全體的共同目標，提高對所屬球隊的凝聚力。

身為教練者應不斷的注意並了解各球員比賽時的技術特性，同時構成球隊的每一球員在比賽場上，能前呼後應，隨心所欲的自動配合攻守，才能發揮團隊的力量。這種團隊的綜

合力量，有時會超出優秀球員的綜合力量。由許多臨時成軍的明星球隊賽不過默默無名但是團隊合作優異的球隊的事實，使我們痛感團隊合作的重要性。

想要培養優秀球隊，應多舉行全隊隊職員的會商，澈底交換意見，溝通觀念，增進情感，以提高球隊的士氣。如能以此爲基礎再勤加技術訓練的話，可獲如虎添翼之效。

㈦教練對比賽應多做準備工作。

指導運動員平時做合理的練習，參加比賽時創造優異成績是教練的最大目的。爲此教練應設法幫助運動員在參加比賽前，調節良好的身心條件，換言之比賽時的身心條件能在最佳狀況。吾人可在各項比賽裡發現有許多平時極爲勤練的運動員或球隊無法在比賽場上發揮最高能力的事實。究其原因，多屬運動員本身不知如何調整身心條件，致使身體仍存疲勞，或準備運動不足，團隊的默契不足而遭失敗。發生這種現象時，固然運動員本身應負責任，但是教練亦不能辭其疏忽之咎。優秀的教練應該是充分瞭解運動員的身心狀況與個性，同時也應對運動員負起指導如何調整身心條件的責任。

有些運動員參加比賽時容易怯場，研商預防怯場的對策也是教練的職責。

再說球賽時，教練對球賽態度、觀念、進行的方法會直接影響比賽。事先能洞察對隊實力，優缺點，適時調兵遣將，採用克敵制勝的方法，是教練臨場帷幄戰機的最重要本事。爲此教練應時常研究性質不同的球隊與攻守法，同時也應深知本隊球員的搭配與專長才能在比賽時充分運用策略以收克

敵致勝之結果。

當比賽進行時，教練不可受場面的影響失去冷靜的頭腦。例如因運動員的舉手投足而一喜一愛，甚至破口大罵表現失常或一時失手的運動員。尤其需要調兵遣將的球賽，需視實際需要而換人時，更應該慎重。運動員尚未氣浮心燥而教練已失去理智而呈緊張不安時，該隊的後果必凶多吉少。

比賽後，俟運動員的情緒安定下來，即應舉行賽後檢討，這些檢討應包括個人技術、團隊合作、比賽態度、策略的運用，身心條件的調整等優缺點，以為未來練習或比賽時改進的依據。

三、教練的類型

優秀的教練必需具備上述的條件。但是總覽眾多優秀教練時，可以發現教練可分許多不同的類型。筆者依教練的指導方法、性格、態度等區分為下列若干類型：

㈠神機妙算型：具有靈敏的推理、高度的智慧、臨機應變、掌握軍心、克敵致勝的教練屬於這類型。日本與美國是職業棒球最發達的兩個國家，其棒球運動水準極高，棒球迷也特別多。以日本為例，目前擁有職業棒球隊 12 隊分成二個聯盟，一是中央聯盟（ Central League ）：一是太平洋聯盟（ Pacific League ），每年自春夏初開始比賽，至秋季產生各聯盟冠軍後，再舉行兩聯盟冠軍的 7 賽 4 勝的總冠軍戰。屆時幾乎吸引了全國愛好棒球的迷哥、迷姐，其狀況，正如我

國同胞對少棒世界大賽之愛好相同。

　日本職業棒球隊均由大企業公司爲宣傳業務而成立的球隊，其在日本職業棒球聯賽中的勝負會直接或間接的影響其生意或業務，因此對於球員的羅致，教練的聘請莫不費一番苦心。至今尚爲日本愛好棒球者所不能忘懷的，曾任西鐵雷安隊（日本西部鐵路公司球隊）與太洋捕鯨公司隊教練的三原脩便是首屈一指的日本職業棒球隊的名教練。三原脩在進入職業棒球界內曾擔任高中棒球隊教練。由於具有優異的教練才能，後來才爲職業棒球隊所禮聘。三原脩初任西鐵雷安隊教練時，該隊的成績在所屬太平洋聯盟內成績平平，但是經過若干年的努力終於獲得太平洋聯盟的冠軍，並且使中央聯盟的霸主讀賣巨人隊稱臣。當在全日本職業棒球賽榮獲總冠軍後，三原脩立即辭去西鐵雷安隊教練，轉任每年成績最差的太洋赫爾斯隊。當時的太洋赫爾斯隊可說士氣渙散，死氣沉沉，瀕臨解散的厄運的球隊。但是只聽到三原脩要擔任該球隊教練的消息時，全體球員及有關人員的士氣大振，認爲在強將之下無弱卒，非好好的練習不可。結果並不出乎衆人之預料與期望，太洋赫爾斯在三原教練的細密計劃與嚴格的訓練，加上三原本身的人格感應，臨場策略的運用適當，使太洋赫爾斯起死回生，終於在太平洋聯盟中打出冠軍，並且又與中央聯盟盟主讀賣巨人隊爭霸，結果又將其打敗。這種結果使許多棒球界人士認爲不可思議的現象，至今仍有許多球迷談論到球隊教練時之資料。在日本曾有一部份人批評三原脩教練太缺乏人性，樣樣經過緻密的計算與計劃，使人感

覺整個人沒有一份間隙，無從了解他的企圖。但是當他所率領的球隊由最失望或最消沉的狀態起死回生，甚至獲得冠軍時，不論敵友不得不承認他的教練才能。總而言之，三原脩教練確具有一種善於用人，運用機智，臨危不亂，使人相信，並且在比賽時能夠充分發揮知己知彼，百戰百勝的策略。因此可說這是屬於神機妙算型的教練。

㈡斯巴達鍛鍊型：

洋溢著精力，具有高度熱情，事事以身作則，牽引運動員實施斯巴達或猛烈訓練的教練，往往會訓練一支銳不可當的球隊。屬於這類型的典型教練可首推日本的東洋魔女隊，曾獲1964年第18屆東京奧運冠軍之日本排球隊教練大松博文。大松的教練法名噪一時，其猛烈慘酷的程度，連同自認經得起艱苦訓練的男子運動員都會自嘆不如。東洋魔女隊成立於1950年後半期，初時專練九人制，至1960年改爲六人制。所屬球員並非全國最優秀者，但是由大松博文領陣以後，成績日進，不僅在國內逐漸受人注目，在國際排球界裡亦逐漸露頭角。筆者曾於1960至1961年留日進修時，看過該魔女隊的訓練與比賽的情況，當時雖未正式確定參加18屆東京奧運爲最後目標，但是其訓練方法已相當使人側目，在一般人的心目中，產生深刻不解的印象。1961年與1962年參加世界杯排球隊錦標賽獲得優異成績後，更堅定決心，爲日本女子排球隊爭取第一面金牌。根據報導，屬於日本紡織貝塚公司的魔女隊，一年365天中，練習數爲358天（元旦及國家重要節日不練習），而平日練習時間是下午4時至10

時半或 11 時，例假日（星日）是上午 8 時至下午 5～6 時。同時其內容包括個人的發球、傳球、托球、接球、扣球、攔網等基本技術，整隊的攻守練習與補助運動等，除了中午或晚上用餐的短暫時間外，不間斷的苦練。由日本排界協會所出版的排球月刊（Valley Ball Magazine）1961 至 1964年的球訊、專題報導，大松博文自著"跟我來……我に續け"的書裡可以了解大松教練在訓練魔女隊時不將該隊的球員視為女性，同時以極嚴厲的態度訓練球員。當然，大松教練本身亦如同球員一樣，一起生活一起練習。初時有些球員像河西、松村等球員，曾不只一次因過於痛苦而想要脫離球隊，後來自感經過若干年來的苦練已有點成就，加上教練與其他球員仍然咬緊牙關苦練，因此心有不甘的繼續跟著球隊猛練。結果皇天不負苦心人，經過前後 8 年的苦練終於熬出了苦頭，不僅在日本創造了連勝最多的記錄，也在 18 屆東京奧運會裡替日本奪取了一面金牌。魔女隊獲得東京奧運女子排球冠軍後，不久就解散，大松博文也光榮退休。由這個事實可以知道大松博文是另一類型也可以說是斯巴達鍛鍊型的名教練。但是他並沒有忘記如何針對女性球員的身心特性與榮譽感實施最有效訓練的原則。難怪曾任魔女隊隊長的河西昌枝，在結婚若干年後，回憶當時的選手生活時說，「8 年的艱苦訓練並沒有白費，如今反而感覺應該感謝大松教練的指導功勞，當時的苦練對現在的生活在各方面確實有許多的幫助」。

㈡親情交流型

　　除非精神不健康，任何健康的人均有一種正常的情感。人無法脫離群眾而生活。球隊是由球員、教練所組成。教練與球員，球員與球員之間的情感愈濃厚，球隊內的凝聚力（團結力或士氣）愈高。我們不難發現不少教練對球隊獻身的熱情，不僅在訓練時給運動員做技術指導，在平時亦極為關心運動員的生活起居，學業進修等。教練將運動員視如自己的子弟，待以親情時，教練與運動員，或運動員之間的關係會情同手足，如是該球隊或代表隊必非弱者。時下有不少代表隊的教練忙於私人或其他公事，除了練習時間外，無法與運動員生活在一起，甚至談不到情感的交流，如此當然無法獲得教練的指導效果。

㈣教練的性格類型

　　上述若干特殊的教練類型。這些類型與教練本身的性格類型有無關係？至今甚少有關這一方面的調查或研究資料。但是根據日本體育大學教授長田一臣以Ｙ－Ｇ性格測驗（註六）調查日本高中公路接力代表隊教練性格的結果（註七),發現著名代表隊的教練，多為Ｄ型（ Direct　Type ）或Ｂ型（ Black　List　Type），並沒有發現Ｃ型（ Calm　Type），Ｅ型（ Eccentric　Type ）或純粹Ａ型（ Average　Type）。

　　由這些調查結果可以推理，教練負有統率並指導整隊運動員的職責，必須具有積極的慾念，堅強的信心與踏實的做法，穩定的情緒，才能夠勝任。

　　吾人可由參加各項比賽的球隊或代表隊的表現看出教練的性格。勇猛、果敢、不屈不撓的球隊教練，多屬積極、外向

、富有領導才能的類型。不堪一擊，成一盤散沙般的球隊的
教練多爲消極、缺乏信心，不負責的教練所指導者。由此可
知教練的性格確可影響運動員的成就。

四、教練與運動比賽

任何運動項目的教練應具有技術的指導與包含技術在內的人
格感化的本事才能訓練好運動員，使其在比賽中創造優異的成
績。吾人可發現擔任技術上的指導較容易而成爲包含技術在內
的以全人格的感化運動員的教練並不容易。環顧世界各國的名
教練均有他一套的教練法。但是這些教練均具有吸引運動員的
魅力，使運動員自然接受感化的力量。正如名醫容易獲得病患
者的信賴與尊敬，接受治療而達到治療恢復健康的目的一樣。
一位教練如能將運動員吸引住，並且能將運動員的心理掌握在
手中時，其技術的指導與人格的感化可以收到事半功倍的效果。
樹立教練的權威，吸引運動員，使運動員完全信賴的最好辦
法是，做教練者應具有心理學家的素養，以主、客觀方法徹底
了解運動員的身心狀態，並且具有發現運動技術優缺點的慧眼
，以做有效指導才行。更重要的一點是具有完美的人格，使運
動員無形中在人格上受無形的感化才行。近年來我國爲了提高
各項運動技術水準時常舉辦各項運動的國際比賽。例如少棒、
青少棒、青棒、成棒、籃球、田徑等比賽。這些比賽的勝負固
然多起因於運動員的體力、技術、策略等因素的強弱或得失，
但是不可諱言的教練的臨場指導得失亦爲重要原因之一。能夠

洞察對隊弱點，發揮本隊優點，適時指示本隊球員做有效攻擊或防守時往往可以扭轉劣勢，轉敗爲勝。當兩個籃球隊比賽時，擅長慢攻的球隊被對隊所乘，採用快攻戰略，破壞慢攻球隊時，長於慢攻的球隊如果不知不覺中受此迷惑時往往會失敗。聰明伶俐的教練發現這種現象後，會立刻制止球隊採用這種穩扎穩打的戰略（以慢制快），改變方法以克敵致勝。

當所屬球員或運動員參加比賽時，在旁觀戰或指導之教練，其態度穩如泰山，不受球員一得一失或賽員的表現而舉止不安，並且在緊要關頭時適時叫暫停或給與運動員指示時，可收到穩定軍心，發揮潛力之效。爲此身爲教練者應多修身養道，精研有關指導知識與技術，以充實教練的才能與條件才是上策。

參、運動的心理特質

一、運動一般心理特質

人為什麼喜歡運動？許多心理學家站在不同的觀點分析喜歡運動的動機。其中馬斯羅（ A. H. Maslow ）的階層需求學說（ Need Hierarchy Theory ）（ 註八 ），較易使人接受。馬斯羅說人的需求（ Need ） 構成階層狀態，由底層至高層其順序為生理性（活動）需求、安全的需求、愛情的需求、尊敬的需求、自我實現的需求。這些需求，隨著年齡的增長由底層而發展至高層，但是高層的需求必需建立在底層上，換一句話說，底層需求獲得滿足後始能滿足高層的需求。根據這種學說，運動（ Sports）確可以滿足人的生理性（活動）、愛情、尊敬與自我實現的需求，尤其正在發育期間或成長的成年人，更可以透過運動滿足尊敬（獲得社會性承認）的需求與自我實現（表現自我能力或技術成就）的需求。

由上述可知運動可以滿足個人的需求，但是運動的種類極多，其心理特質亦因其項目而不同。因各項運動的人數，所使用的場地、設備、器材、比賽的方法不同，其心理特質亦不同，不過話又說回來，既然是運動，當然也具有共同的特質。

運動是由遊戲發展而來的，是遊戲的嚴肅化，更組織化的活動。如同遊戲一樣是具有自動自發的心理特質，是以活動本身為目的的活動。雖然在今天有些運動已轉變為謀生手段而成為職業性運動，但是追其根源，仍然是屬於求自我實現，獲得社會性承認（尊敬）的自主性活動，與為生存所做的一般日常生活活動不相同。社會學家邁嘉（ P. Maigard ）將人的活動區分為勞動、生理性活動、性的活動、遊戲四種，根據這種分類，運動（ Sports ）應包括在遊戲範圍內。站在這種立場來說，運動應具有調劑緊張生活，及逃避或補償性活動的特質。運動雖然具備與遊戲相同的性質，但是亦是具有獨自的特質，這些特性，可從競爭性、公開性、合作性及非言語的傳達性四方面加以分析。

㈠競爭性

遊戲不一定需要具備競爭性質，但是狹義的運動均具備競爭性質，它是有一種享受競爭刺激的樂趣。

多項運動具有直接競爭的性質。運動並非以競爭勝負本身為目的，而是享受競爭過程的樂趣，而這種享受不是僅僅在活動上而是在比賽技術，競爭記錄、求勝負時的樂趣。

競爭或比賽時的具體對象，雖然多為對方的個人或團體。但是本身的過去最高記錄或技術也可以包括在自我的競爭對象內。廣義運動中的登山、狩獵，並非與他人競爭，而從這種的自我技術的挑戰中發現樂趣。

一般來說運動可以消除日常生活的緊張情緒，但是為求成績的進步與他人競爭時，必須克服強大的障礙或壓力（

Stress）（註九），集中精神，控制身心的機能才能達到目標。這也是運動的嚴肅性與遊戲在本質上不同的地方。在運動上追求高度的技術或勝利的理由亦在此。運動兼有遊戲的特質，同時，與人生觀、世界觀發生關連，被認為是具有自我修養或培養人格價值的原因，也就是因為運動具有上述特質的緣故。

㈡公開性：

狹義性運動多以比賽方式實施，而這些比賽活動具有在眾人前公開競爭的特質。換一句話說，因採用比賽方式，所以不僅是一種自己從事的身心活動，也可以透過看、聽、讀等，享受同樣運動比賽活動的樂趣。因此許多運動迷可以把自己投射在某明星球員或運動選手身上，以享受勝負或比賽過程的樂趣。這些事實可由近年來我國的青少棒、少棒或籃球等熱門運動比賽中，不少著了迷的觀眾，如痴如醉的反應中獲得證明。如以這一點來說，似乎與文字、電影、戲劇等具有共同的心理性基礎。許多運動迷常常會將自己投射在自己所喜歡或愛好的運動員或球隊上，以該運動員或球隊的勝負為己事。有些熱門的運動，**轉變**為職業性運動的原因即在此，也就是說運動具有吸引觀眾的魅力，它具有被投射的可能，使觀眾可以發洩內心的感情與抱負。也因具有這種特質在各種運動比賽中發生許多弊害。例如觀眾打裁判、球員等。

以運動員的立場來說明公開性時，運動場面是不斷受眾人觀看批評的場面。人處在這種場面時不論有意或無意會採取一定的準備體勢，而在這種體勢中會意識到成功或失敗。比

賽中多次成功或失敗的經驗，會產生自信心或自卑感，同樣的也會爲求名譽感繼續努力或進步。由於大衆傳播工具的進步，運動比賽成爲傳播的主要內容之一的現在，上述傾向愈來愈顯著。因運動具有這種特質，可以看出運動確可提供以客觀立場認識自我的機會。能正確的評價自己，並且具有自我信賴感是培養性格或安定情緒的必需基礎，也是適應社會生活的基本條件之一。

㈢合作性：

各項運動多以集團形態從事活動或比賽。爲達成各運動集團的目標，領隊、指導、管理、隊長、隊員們，必須各盡職責，互助合作。爲此有時必須克制自己，各守崗位，盡其責任。與對方比賽時爲克敵致勝，集團內需要通力合作才行。惟運動的合作，有時會產生集團利己主義，對於這一點，敎練應該特別注意，以免造成孤獨的球隊。

運動的合作包括爲達成目標的全體性合作與技術性合作。在團體性運動比賽時，不僅需要洞察對隊的企圖與動作的意義，也需要知道同隊隊員的企圖與動作，以決定自己在團體中的職責與行爲方法。這種場面的合作可說是技術性合作，與日常生活中對某一目標的合作，具有不同意義，是運動技術的獨特性合作，所以不容易遷移到日常生活的各種場面。

除此之外，有些運動是由許多同好之士組織俱樂部，以便交換運動知識或技術。換言之，這種俱樂部的活動不僅包括運動活動，在運動活動以外的生活，也保持密切的交流機會，對於增進人際關係極有幫助。

㈣非言語的傳達性：

　　人際間的交涉或接觸多以言語或文字爲媒介，但是在運動場上，人際間的交涉不一定透過言語或文字，可說多以身體的動作來完成。這是因爲運動比賽具有一定的規則，並且身體或身體活動具有表現性的原故，換言之，身體的動作，具有與他人溝通想法或企圖的表現性。吾人均知情緒可透過身體表現出來，而一般人可從顏面的表情瞭解其喜怒哀樂，或由人的動作推理他的企圖。這種能力是根據各個人的長期經驗所獲得的。同時因該表現是具有共同的文化背景，反應文化類型的緣故。

　　運動是依據這些身體或動作的活動，也是具有一定類型的身體運動，因此可以身體動作瞭解對方的意圖或企圖。因爲運動具有這種性質，它可以超越種族、階級、職業等各種限制而相互交流，成立超越國家，種族的人際關係。運動之可以促進國際友誼或國際交流的理由即在此。

二、項目別的心理特質

　　運動的種類及項目極多，其構造各不相同。如果無法究明各項運動的心理特質，對於教練或運動員並沒有多大幫助。

　　談到運動分類時通常以人數、場地、設備、器材、有無比賽，比賽方式等實施分類。照常理應以現行的分類法，例如田徑、球類（球類又可分爲籃、排、足、棒、手、網、桌等球類）體操、游泳、滑雪、滑冰等加以分析心理特質不可。但是也可

以探用，以心理特質爲基準試行類型化。例如棒球與美式足球
（橄欖球）在場地、設備及比賽方法上各屬棒球型與足球型。
但是在心理方面來說，上述兩項具有顯著的共同點。因此擬參
考日本松田岩男教授的分類，站在另一方面（卽以人數爲基準
），給予分類並分析其心理特質。

㈠個人性運動

　　個人性運動包括體操、田徑、游泳、滑雪、滑冰、射擊、
舉重等項目，這些項目中，如果不談技能的高低，可說包括
任何人均會的與不會的項目。田徑運動屬於前者，體操、游
泳、滑雪、滑冰屬於後者。後者在參加比賽前，必須經過 "
會 " 的階段，在學會的過程中體驗成功、失敗、滿足、失望
等感覺。對於增進記錄，跟別人競爭的過程，兩者雖然具有
共同性質，但是在本質上卻有顯著的差異。基於這些理由，
個人性運動又可分爲下列三類；

　1.克服物理性障礙的項目

　　　這些項目包括體操運動各項目，田徑運動的跳高、跨欄
、撐竿跳高、游泳運動的各種競泳、跳水等需要克服物理
性高度或抵抗的項目。爲學會這些運動，必須能在空間控
制身體，調整速度。換一句話說，爲了克服物理性障礙，
必須具備果斷、克服恐懼心或猶豫不決的心理。這些心理
條件成爲技能的重要因素之一。勇敢大膽的使用學會的技
能，可以克服物理性障礙。反過來說，勇敢大膽的程度可
以反映技術的高低。因此指導初習者的要點在於祛除初習
者對水或高度的恐懼心，除掉恐懼心以後才能進一步學會

身體在空間的支配技能。

2.需要最大瞬發力（動力）的項目

這些項目包括舉重、推鉛球、鏈球、短跑、滑雪、滑冰、（速度性）等項目。上述項目雖然運動比賽的時間短暫，但是需要高度的精神集中力與瞬間性的最大肌力。由於短時間中必須完成一連串的運動或動作，在心理上會產生強烈的連續性興奮。因此在興奮的過程中，是否能夠迅速的變換緊張與放鬆，是與充沛的體力具有同等的重要性。也是這些項目在比賽時的成敗關鍵。

3.需要耐久性肌力活動的項目

這些項目包括長距離跑，馬拉松、長距離滑雪、長距離滑冰、自行車等。不用說，人體內的呼吸循環機能對於耐久力的影響至大。

人從事相當負荷量的長時間運動時會產生疲勞，除了疲勞外，還會發生＂禁止反應＂的心理傾向，為此從事上述各項耐久性運動者，必須能夠克服因疲勞、身體各部不適的感覺、呼吸困難、肌痛等痛苦，並能處理因從事運動所產生的感情；以達成既定的目標才行。

㈡對人性運動

包括擊劍、摔角、柔道、拳擊、單打的球類運動等項目。這些項目均以一對一的方式比賽，因此必須具備敏捷、隨機應變的能力，才能克敵致勝。

對人性運動所要求的技術是適應對方動作的技術，也非有對方不能成立的技術。換言之，根據對方的變化或引起對方

發生變化而加以攻守的技術，這些項目因比賽場所的大小、時間的不同，其心理亦不同。有的項目的比賽時間極爲短暫，所以動作是屬於反射性的；有的項目的比賽時間較長，（例如柔道、擊劍），可以設法推理對方的企圖或攪亂對方的鬥志或情緒。不論如何對人性運動具有一種不斷攻守，虛虛實實的策略，因此心理上的不安度極高。這是因爲心理上產生一種高度的不安引起判斷力減弱，無法做適當分析與決定的結果。克服這些心理現象却是敎練們或運動員應研究的課題。

㈢團體運動

包括籃、排、足、手、棒、橄欖球等運動，這些項目又可分爲籃球型（兩隊球員在一定場區內可任意攻守），排球型（各就本隊球區內隔著球網實施攻守）等。不論何種項目，均須判斷球或人際間的距離、方向、時間、强弱、快慢等，視情況的變化隨時改變動作（中斷或繼續）。

換一句話說，球類運動的技術是由①球的控制②同隊隊員的合作③對敵動作所融合形成的。同時構成整隊的個人的成敗，往往會影響整隊的勝負。所以每一成員均會懷有不安的感覺。初學者往往在參加比賽時，接到球以後不敢出手投籃而將球傳給別人，這便是此種心理不安所引起的行爲。

不過在各項球類運動中，因比賽方式或規則不同，對控制球，隊員的合作對敵動作等的重點各不相同，其行爲樣式也不同。例如棒球或美式橄欖球等須要交替輪流攻守的項目，比賽時的策略佔極重要的因素，與象棋、圍棋具有共同的心

理基礎。籃、排球球員多需要根據當時比賽的情況,自我判斷,攻守動作,與棒球等受教練的約束或指示以決定動作的性質不同。

運動比賽的心理

肆、運動員的心理條件………為求勝利或創造記錄

不斷的運動練習，在比賽時發揮個人或團體的最高能力創造優異成績，企求最後勝利時，需具備堅強的精神力量。尤其想要獲得優異運動技能，成為一流選手，

圖 2 刻苦致勝之道

更需要為達成目標，抑制其他慾望，規則生活內容，從事長期間嚴格訓練不可。在這長期訓練過程中，必須克服疲勞、痛苦、孤獨感、強大的集團規制所引起的不安、恐懼、自卑感等心理的干擾或壓力。體操、跳水等項目的技術本身包含克服恐懼心或勇敢、決斷等心理要因。同時為適應比賽使自我的能力能充分發揮，必須提高精神的緊張程度，一方面保持心理的安靜，一方面控制情緒的平衡。換言之，在運動練習或比賽時，必須不斷的自我訓練，培養合作性人際關係，以要求自發性積極性的行為。在運動場面所需要的上述心理性作用稱謂堅強的意志或精神的力量。通常所指的意志中包括(1)想要 " 貫徹 " 的某種慾念，(2)抑壓其他慾望，排除誘惑，選擇正確有價值的行為，(3)實踐選擇的行為，(4)

集中精神，貫徹始終的行為。

　　想要成為優秀的運動員，不僅需要加強體力，提高運動技術，更需要促進這種精神力量。根據現代 Sports 百科大事典（註十）的說明運動所必需的精神力量有下列幾點：

一、對運動練習具有強烈的慾念。

二、克服各種障礙或困難，為達成目標集中精神，並且能貫徹始終。

三、為達成團隊的共同目標，分工合作，善盡責任。

四、積極提高精神性緊張程度，以堅強的鬥志參加比賽。

五、面臨危急場面或選擇場面時，能做正確，迅速的判斷，並且立
　　即付其實行。

六、在危急場面或緊張不安時，有效控制情緒，力求精神安定。

七、當遭遇障礙或困難，或是面對陌生新奇場面時，立即改變觀點
　　，創造或設法適應該場面。

　　為求加強精神力量，平時練習時，應配合體力或技術訓練，增加心理負擔或有意在不良條件下練習，使得平時能多體驗艱苦的場面，培養能有自信克服障礙或困難的態度才好。

　　又根據松田岩男在所著＂陸上競技的心理＂（註十一）一書所說，運動員的根性（註：如譯為中文，其意指堅強的精神力量）極重要。運動員應具備二種心理機能才能夠創造優異記錄或克敵制勝。第一是積極激烈的練習慾念或鬥志，第二是自我的統制或調整力。在各項運動裡通常極重視運動員的貫徹始終，堅持到底，堅強的鬥志，不屈不撓的奮鬥精神等。這些形容詞不僅意味富有精力或熱能並且可以在有效統制下發揮在練習或比賽場面。由此可知，想要在比賽裡獲勝或創造優秀成績，必需具備堅強的鬥

志與自我控制能力才行。

在比賽場上，有勝利者也有失敗者。究竟勝負的區別在那裏？實值得探討的問題。決定勝利的條件很多，其中最大的條件之一是「該運動員或球隊是否自己願意吃苦，並且有無具備克服該痛苦的堅強意志」。田徑、體操、游泳、滑雪、溜冰（速度）等運動的長期練習，極爲單調枯燥，甚至苛酷，是吃力不討好的。能從困苦艱難的練習中覓取快樂的人，才能從上述運動中獲得成功。我們可以從許多成名運動員的自傳或談話中獲得這些奮鬥的事實。惟有體驗過劇烈練習，經過痛苦訓練與比賽者才能體會苦中樂。要想體會練習或比賽的苦中樂以前，做爲運動員的，應先確立對運動的價值觀念。任何一個人不論其有意或無意均具有自我的價值體系。有些人將最高價值放在政治活動或儲金，但是可能有些人將其放在自由自在的平民生活上，不論人們的價值觀設在何處，人們均以實現該價值觀而積極的努力。因此，如果有人認爲田徑運動對於他本身並沒有價值時，任何人均無法勸其練習田徑運動。

能夠體會運動練習或比賽的苦中樂者，均具有一種練習或比賽的價值觀，不過其價值觀的根據却不一定相同。有些人將其放在獲得獎賞，或社會承認；有的人卽放在促進身心健康，也有些人放在貢獻國家。不過最爲具體的根據是該運動員，對於該項運動的喜愛心與自我形成，或自我求進的態度。這種態度是接受教練或前輩運動員或隊員，在練習過程中自然影響而形成的。站在這一點，教練與資深的運動員的存在，對資淺運動員或年輕選手極爲重要。

　　除了教練與資深運動員的影響，運動員本身亦應具有一種自
我上進的態度。比賽是與對方比較技術、體力、精神力的高低，
也是與過去的自我（記錄）做一比較的激烈活動。因此在練習時
必須不斷的意識到比賽的對象以便加以勤練。自我的能力，惟有
灌注精神澈底練習才能獲得進步與發揮。當然在激烈的練習過程
中會產生身心的痛苦，同時也會發生逃避痛苦不想練習的心理傾
向，這種內心裡的葛藤（ Conflict　Situation ）場面（ 註十二 ）
，是增進堅強精神力所必經的。

　　許多運動員喜歡將自己所經歷的運動與人生觀，連結在一起
談的原因便是基於這種心理特性。難怪有些人說：「人生正如馬
拉松賽跑」，這正是表示馬拉松賽跑具有直接增進自我的態度與
關係。

　　自我上進的原動
力可說建立在堅強的
意志力上。（ 附圖3
日常生活中也須不斷
鍛鍊　）而這種意志
力應該是一種對目標
的積極性精神集中耐
力。一般人認為具有

圖3　日常生活中也需不斷鍛鍊

堅強意志力者，其行為是一種堅忍不拔，消極的忍耐而已。實際
上真正的堅強意志者不僅是指消極的忍耐，更重要的一點是積極
的選擇、奮鬥，抑制的行為。向既定目標，選擇合理的方法，抑
制逃避的心理傾向，奮然與之奮鬥，才是勇者的表現。優秀的運

動員均是具有一種明顯具體的目標，愼密的計劃，脚踏實地的實踐力，並且不斷的虛心檢討，改進自我的作風。

運動比賽的心理

伍、運動員對練習或比賽的態度

一、訂定具體目標

有具體目標的行為才能加強行為效率。運動也是人的有意行為之一。想要提高運動技術創造優異成績，必須先訂練習或比賽的目標。人具有明確目標時，可以加強行為的動機，也可以貫徹始終。不僅如此，也可以體會滿足或成功的感覺。相反的如果努力不足或受其他因素的影響，無法達到目標時也會體會到失敗感，這些滿足感或失敗感均會影響此後的練習。相信許多運動員均有遭遇失敗後對運動練習會減低興趣的經驗，為此常會降低下一次練習的目標，也會失去自信心。相反的，如果每次練習的結果均能達到預期目標或每次參加比賽時都能創造優異成績時，該運動員會產生一種成功的滿足感，對自己的能力發生信心而提高下一目標。

人的滿足感與所訂定的目標直接發生關係，是主觀而並不是客觀的，對於剛練習短跑的運動員來說，如果能選上代表隊即感心滿意足，但是對一流的短跑選手來說，破大會記錄或是優勝才能感覺滿意。所以運動員所訂的目標有顯著的個別差異。最重要的還是考慮本身的能力、條件去訂定具體的目標才是上

策。所訂的目標不僅是近程的也應包括遠程的目標。遠程的目標可以令人完成近程目標後成爲再行努力的有力指標。目標對於人來說似乎具有靈性，對"人"的作用力，比我們的想像還要大。有的運動員以參加奧林匹克運動會爲目標而練習，如果僅以此爲目標，將來可能無法擊敗外國選手，創造優異的成績。這是因爲一旦達成被選爲國家代表達到既定目標之後，身心的熱能會發生一時性的減退或消除，成爲一種空虛無力的狀態。這種事實可從我國參加歷屆亞運會或奧運會的部份選手的表現獲得證明。有不少選手在國內選拔賽時均能達到選拔標準，但是一經被選爲代表後，心理上會產生一種安全感，認爲只要能參加就可以，反正贏不了高頭大馬的外國選手。因此每次參加比賽時，多不能創造比國內更佳的成績。

在日本曾發生過下列一件事情。某一大學的一位田徑選手在平時練習時曾遭受教練的嚴厲指責，因此內心產生了極大的反感，爲證明自己的能力，並且向教練揚眉吐氣，下定決心並且日以繼夜的拼命苦練，結果在該年度的全日本大學運動會裡破大會記錄獲得冠軍。但是比賽過後該運動員的成績却不再進步，身心情況也不太理想。後來經過分析之後才知道，該運動員並未訂定更高的目標，所以當完成具體的近程目標後整個精神鬆懈下來，再也提不起精神。由此可知如果想要不斷的求進步，在日常練習時，應訂定兩種目標，也就是說近程（具體）的目標與遠程（高）目標才好。

二、所訂目標應包括記錄與對象

以田徑運動來說，雖是以記錄的高低決定勝負，但是訂定目標時，應包括具體的記錄與比賽對象兩種才好。如能以有力的對象做為競爭的目標時，運動員本身會下功夫搜集並研究競爭對象的練習法，技術或記錄的變遷等，以為自己練習時的參考。這種情形對於球類運動也是一樣。有名的球員會連同教練或其他有關人員搜集或研究強有力的對隊技術，練習方法，策略等，做為研究破敵之根據。正如俗語所說"知己知彼，百戰百勝"。

我國的各項運動選手，除了極少數人外，甚少能夠打敗外國選手的原因就是不知以外國一流運動員為對象訂定目標，並且常與之比賽的結果。只要是人均具有情感，其行為或行動受情意的影響極大。各項運動的練習或比賽行為直接與情意行為發生關係，因此所訂目標不僅是一種抽象的目標，更應以具有優異成績的具體對象為目標，才能收到激起雄心或鬥志。

三、活用心智練習

想要提高運動技術，創造優異成績，必須做身體運動的反覆練習。但是單純的身體性反覆練習，是否能獲得技術上的進步？只要經過一段時間練習的運動員，相信都知道並沒有那麼容易。通常想要學習新的或更高一層的技術時，必須對新技術有

一種正確的概念或意像，爲此教練會以示範或利用照片、連續動作的圖片、幻灯、電影等加深運動員的意像。運動員卽以獲得的意像爲依據，以身體運動再現新的技術。由此可知學習新的技術時不僅是一種身體性的反覆運動，更是大腦機能的反覆活動。換一句話說，由大腦命令身體從事修正性反覆運動的過程便是技術練習。爲此做教練者或想要練習新技術的運動員，應注意示範時要具體，並且能隨時提要點，使運動員能獲得具體的學習依據。最好的方法之一是，以言語說出技術動作的過程與要點，然後讓運動員復誦，必要時可使用攝影器材將運動員技術練習的過程加以攝影，並且放映給當事人觀看，卽更有效。

近年來許多先進國家多運用意像性訓練法（Image-training）以改進運動員更進一步的技術。在我國更需迎頭趕上才對。

四、每項練習後虛心的檢討（附圖4　不斷的檢討是進步的根源）

使用大腦的練習並非僅限在初期練習時。在整個練習過程中應多加以運用才能收效。在每次練習之後，虛心的檢討對於練習具有效果。美國有名的心理學家羅沙（ J. D. Lowther ）在所著"教練的心理"（註十三），曾提到「運動員的練習時間過長時，其練習效果不一定良好」。這是說練習過長會產生身心疲勞。疲勞時，無法細心檢討練習的得失。長時間的練習會引起身心的極度疲勞，因此練習過後只想休息，不會產生一種想檢討今天練習缺點與修正方法的慾念，甚至會發生厭倦心

理反而妨礙技術的進步。

如此一說，是不是每次的練習量要大幅度的減輕？如果想要獲得技術的精進，必須花費較長的時間去練習，尤其想要增進耐力時更需要長時間的練習，此時一定會產生相當的疲勞。不過在練習後，那怕只有短短的時間，也應該養成檢討得失改進技術的習慣才好。筆者曾經對參加第4屆亞運會的我國代表隊選手做過心理測驗，結果發現愈是成績優異的，愈能有效利用智慧，求個人或整隊的技術進步。

圖4　不斷的檢討是進步
　　的根源

五、有時需要勉強從事辛苦的練習

身心疲乏到極點時，無法做有效的技術練習，不過話又說回來，有時也需要勉強一下，從事相當辛苦的練習。站在心理學上忍耐痛苦，貫徹始終的堅強意志，對於發揮潛在的能力、創造優異成績，極有效果。

以一般慣例來說，運動員都在較良好的天氣或氣候下從事練習。但是為了克服天然條件的障礙，在風雨天，大太陽下也需要練習。也許站在生理學的立場上來說是不合理的，但是在某種範圍內，為了鍛鍊堅強的意志，適應不良比賽條件的要求下

，這種練習仍然相當重要。一個優秀的運動員均有他的練習上的規定或誓言；這些誓言不外是

1. 不論任何原因，決不造成例外。

2. 只要一開始練習，絕對不中途而廢。

如果想要成爲優秀的運動員，這種始終如一的態度是不可缺少的。通常我們會發現一種有趣的心理變化。當發誓做一件事情而開始實行若干時間之後，會產生一種不願輕易放棄該事的心理傾向。以我國近年來的社會現象來說，由於物質文明的進步，社會的發達，人們的生活愈來愈緊張。不少家庭的中高年人深感健康的重要性，而每日晨早做各種健身運動。中正橋畔、中興橋、河濱公園、新公園、台大運動場、圓山大飯店後山等地區，只要不下雨不論寒冷有許多中高年人孜孜不倦的從事太極拳、體操、跑步、徒步等健身運動，而這些人並非一曝十寒者，絕大多數人均是十年如一日的做這些運動。換言之，已成爲每日生活的一部份，如果中止時會產生遺憾的心理。一般人況且如此，想要成爲優秀運動員更需要堅強的意志，經得起考驗才能成功。

六、決定努力水準的依據（附圖5　練習同伴會影響自己的努力與成績）

運動比賽包括個人性、對人性、團體性等三種，不管是屬於那一種，比賽的勝負決定於個人或團體的技術的高低或團結合作的程度。

人是“具有情感的社會動物”是不能離群而生存。人的行爲

受所屬社會的影響，絕無法獨善其身各行其是。運動員的技術能進步到什麼程度？根據研究已知個人或團體運動的技術進步，一方面受運動員本身

圖5　練習同伴會影響自己的努力與成績

的天賦能力的影響，另一方面受個人的慾望強弱而決定。如果運動員的慾望在打破全國記錄、打敗某某有名選手，希望獲得社會的承認，而這種慾望強過一切時，他會灌注全身力量，企求滿足慾望。換一句話，人的努力水準是受慾望的強弱所決定的。但是慾望的強弱並非由個人來加以決定的，而是具有社會價值，眾人所承認的東西才能決定慾望的強弱。

　　許多運動員多會預測本身的能力，擬訂目標做練習的依據，也許有些人相信他的能力是無限而從事練習，但是回顧現實的自我時，可能會發現自己的能力並非無限，而是有限的。不過希望能在有限的範圍內求最高的表現。不經過練習無從瞭解技術或記錄會進步到什麼程度？雖然如此，一般人常以同伴的努力水準做依據，決定自己的努力水準。可從許多事實發現，一流運動員的練習，在質與量都是超過一般的運動員。這就是證明上述努力水準的決定是，依據一般運動員或同伴的努力水準的事實。

七、要有團隊成員的意識

不論是個人、對人或團隊性運動員，均屬某種運動團隊以從事練習或比賽。具有堅強的團隊意識與具體的共同目標、個人目標，才能求練習的效果。只要團隊的所屬份子各盡全力，努力練習時，任何一個該團隊的成員一定會產生下意識的模範或同調性行為。我們可從許多國家代表隊選手接受集訓時的心理感覺得知，只要教練與隊員打成一片為共同的目標努力時，每一成員均會產生強烈的"我們"的意識，會形成高度的榮譽感與責任心，並且使每人在練習或比賽時全力以赴。這種情形，愈是在具有傳統精神的運動代表隊裡，表現得愈強烈。

加強團隊意識的方法很多，例如在團隊內以競爭方式鼓勵隊員求上進，在隊外多搜集各種有關情報或消息，以刺激團隊隊員共同警覺心，以激起百尺竿頭更進一步的敵愾心。

八、應常與同伴共同練習

對團隊性運動來說，其練習方式均為團體性。但是田徑、游泳、體操等個人性運動的練習，有時可以採用單獨練習，最好採用團體方式較為理想。人的行為受許多情報影響，這些情報來自新聞、雜誌、專門書籍、電視、電台廣播等。但是有些情報卻來自我們的朋友或同伴。在練習時如果有同伴或其他球隊在一起時更能激起練習的慾念，甚至提高個人或團隊的士氣。

相信有參加過各級運動代表隊者有一種經驗，這種經驗是說，如果有志同道合的同伴一起練習時，比個人單獨練習時不易疲勞，也不會感覺厭倦。由這種事實可以證明人的行為是建立在人際關係上的。

九、比賽成績與團隊效果

一般人都知道比賽成績的好壞，不一定決定在身體的能力或技術的高低，也是受心理條件影響的。這種心理條件之一便是集團效果（團隊效果）。根據心理學家近年來的研究，已證實團隊的氣氛或士氣對團隊的每一份子會發生很大影響，與其作業成績與密切關係。當構成團隊的每一份子具有共同目標與一體感時，該團隊的士氣必定會高昂，工作效率也會提高。

如果想要在大規模的比賽，尤其是國際奧林匹克運動會裡創造優異成績時，以團隊成員的一份子來參加時，這比個人參加時有利。日本著名的運動心理學家也曾是短跑選手的松田岩男說，他曾發現參加東京奧林匹克運動會的各國田徑選手在做會前練習時，英、法、義等國家的選手們均具有強烈的團隊意識，每個人的士氣極高；但是唯有日本選手各自為政，從事個人性練習。難怪在該屆奧林匹克運動會田徑賽裡，日本選手的表現不如預期的好，有許多選手無法創造個人的最高記錄。

提高團隊士氣增進比賽成績是運動員最重要的目標之一。設法供應最新的消息，例如參加選手的成績、近況、身心條件或其他有關事項，教練的有效指導等，均為值得採用的方法。

十、克服比賽前的不安心理（附圖6 如何克服比賽前的緊張與不安）

除非該運動員經過長久嚴格訓練，屢創新記錄，並且身心情況極佳，具有强烈自信心者以外，任何運動員在比賽前夕時多少會產生一種不安的心

圖6 如何克服比賽前的緊張與不安

理，例如耽心自己的實力是否有進步，是不是因缺乏重量訓練而肌力不足，或如能夠多做速度練習可能更好等，悲觀性或對自己不利的想法，這種想法在參加比賽獲得優異成績時會立即一掃而空。但是如果無法發揮全力，達不到預期效果時，不僅無法一掃而清，反而更會加深焦急不安的程度。爲什麼會發生焦急不安的心理呢？這是人的一種自我防衞的本能所引起的。由於怕失敗，怕在衆人前獻醜，所以反而無法發揮平時所練成果。一旦發生這種不安感覺之後，很難以理智加以控制，如勉强壓抑不安的心理，反而會加强不安的心理。有不少的運動員在參加比賽的前夕，爲了獲得充足的睡眠想早點上牀休息，此時愈是想早點入睡，愈會發生無法入睡的現象。這是因爲過份意識睡眠的重要而反而引起大腦的興奮而無法入眠。同樣的，愈是內心想著不可焦急不安時，不安的心理愈會加深，這種狀

態稱謂" 過份的制止 "。這種不安的心理並非人人會產生，一流的運動員或經驗老到的選手不會產生這種心理。一般來說神經比較敏感容易患得患失的人或內向、經驗較差的運動員容易產生不安心理。袪除不安心理的方法很多，例如，在練習時多體驗可能在比賽時發生的事情，多從事正確技術練習以樹立自信心，發生不安感情時不勉強控制它，反而虛心承認。這種感情的存在，將其認為正常的表現而減輕心理負擔，將精神放在比賽上或跳出自己，以便自行觀察自我不安的狀態，如此也許可以消除不安的心理。當然平時多接受自律訓練，以收自我控制即更為理想。

運動比賽的心理

陸、怎樣適應比賽

一、首先應認知比賽環境與對象

兵書上有一句話「知己知彼，百戰百勝」，確可應用在運動
比賽上。運動員參加比賽前如能先瞭解比賽場地、設備、時間
、氣候等自然性，物理性條件與參加比賽的各運動員的實力、
優缺點、策略等，對於參加比賽的心理準備有很大幫助。通常
認知比賽、場地、設備、時間、氣候條件或各選手實力的方法
是透過新聞電台、電視等廣播或親自觀察。有時根據各選手以
往的比賽成績或本人的比賽經驗加以推理。不過對一般人來說
，對社會事象或人的認知不一定客觀，可能會產生偏差。因爲
採用上述方法，認知比賽對方是屬一種社會知覺（Social Per-
ception ）。這種社會知覺往往會因認知人的過去經驗、慾望、
動機、人格要因或是對象的具體性社會地位而產生不同認知方
法。一般人對社會事項的認知，常會透過感覺器官的情報，不
經思考而接受全體印象的傾向。例如因某球隊過去的技術、成
績、傳統精神、名望而對該球隊或某運動員做過高或過低的評
論。有時也會受佛光效果（Halo-Effect）的影響而產生錯誤的
判斷。所謂佛光效果是一個球隊或某些選手是屬於具有傳統的

學校代表隊，該校代表隊在過去歷屆比賽具有輝煌的成績或表現，使得人人對參加本次比賽的代表隊或選手產生未賽先懼三分的心理現象。這種現象猶如佛像後面的環光一樣。有經驗的教練或選手平常會在賽前運用策略，改變對方對本隊隊員的認知，以利本隊選手出場比賽，例如利用暗示，提高本隊或運動員本身的評價，以樹立自信，或是故意在對隊或對方前面示威，以期動搖對隊信心，消滅其士氣。這種方法對於互相不瞭解實力的對象或選手特別有效。由上述說明可知為求適應比賽，應採用各種方法，先行瞭解比賽環境（場地、設備、時間、氣候）與對象，如此始能做到賽前的充分準備，發揮最高能力創造優異的成績。

二、控制情緒，樹立自信心

人的行為是主體（人）對環境的適應過程。在這種適應過程中具有調整控制自我機能的情緒的機會。人的情緒具有產生行為、抑制行為、改變行為方向的力量，它對於比賽的適應有極大的影響力。運動員如果想要適應過度緊張的比賽場面，必須調整情緒，如此始能發揮最高能力，因此應先研究在比賽場面的情緒作用。

㈠情緒會促進行為：

人具有強烈慾望時，容易克服困難或不利的條件，以求貫徹始終。練習運動或參加運動比賽時亦如此。人處在火災或危急場面時往往會產生出乎預料的超人力量。這是情緒促進

行爲的一例證。這種現象是平常爲防患器官受害，大腦的抑制作用力量受突然間的情緒興奮，解除抑制作用所產生的不尋常力量。這種力量並非在平常可以隨時產生的。人的情緒中樞在間腦而自律神經中樞在視床下部。當發生情緒時自律神經機能會興奮，此時身體的反應也會隨著變化。自律神經（ Autonomic Nervous System ）包括交感神經（ Sympathetic ）與副交感神經（ Parasympathetic ）。交感神經中樞與副交感神經具有相互拮抗的功能。交感神經中樞位於脊椎的胸部側角，通過脊椎前根分佈在皮膚、血管、內臟等各器官，而副交感神經包含在腦神經的一部份，出自腦部而分佈至各器官，（ 交感神經的功能是促進作用，副交感神經的功能是抑制作用 ）以維持身體機能的平衡。

　　人在參加運動比賽時會緊張興奮，此時交感神經受到刺激，致使消化機能暫時被抑壓，由肝臟裏發出血糖，副腎髓質分泌阿度列拿林（ Adrenalin ），以致血壓增高，脈膊加快，呼吸加深，結果發出强大肌力，增强身體活力。

㈡情緒會擾亂行爲

　　受過嚴格訓練的運動選手，雖然處在緊張的場面，但是仍然將訓練所得的態度與技能，適應該場面。相反的閱歷淺或是缺乏自信的運動選手，對比賽時的各種刺激極爲敏感，極易產生情緒混亂，不能自制無法適應比賽的現象。所謂怯場便是無法適應比賽場面的心理現象之一。也可以說是因過度的情緒興奮而無法集中精神，控制或支配自己的狀態。這種怯場通常起因於過份關心當面事象，以致發生精神混亂。日本

、市村操一教授認爲怯場是由下列五種因素所形成的複合現象：

(1)自律神經（尤其是交感神經）的緊張：其現出的徵候有咽喉塞住、唾液粘化、尿意等。

(2)心理緊張力的減低（自我控制機能的混亂）：其徵象包括注意力散漫、呆然不知所措、無法思考等。

(3)運動技能的紊亂：其徵象包括手足運動不能自主，過份用力於不必要的動作，心有餘力不足。

(4)不安的感情：其徵象有怕失敗，無法安心，無法處之泰然，有說不出的不安感覺等。

(5)自卑感：會强烈感覺己不如他人，或感覺對方顯得極爲沈着有自信。經過調查比賽時容易怯場者的性格特徵是：①神經敏感，容易患得患失者②喜歡幻想，過敏，並且具有强烈主觀傾向者③怕羞，社會性向內者④思考屬內向，行爲屬外向者。

由上述調查結果可知有些選手容易怯場，但是也有些並不然，教練必須認清選手的性格特性（最好選手本身也能瞭解自己的性格特性）以研討對策。根據日本松田岩男教授的調查（註十四），容易發生怯場的運動選手是體操、短跑、跳躍、投擲、排球、籃球等。

除了怯場外還有一種洩氣的不良適應症狀，這種心理現象是逃避行爲之一，是喪失行爲慾念的狀態，這種心理傾向多發生在基於某種原因而無法實現個人企圖時發生的逃避行爲，尤其個人的努力行爲未能被他人承認時容易發生。日本稻垣曾做洩

氣原因的調查，其結果如下：

①自己認為情況良好而受責備時②不應失誤而失誤時③受他人不當批評時④對裁判不滿時（裁判不公平時）。

為了預防比賽時產生不安心理，有一種討吉利的自我保衛反應，我們可發現有些運動選手，牢記曾獲勝時所穿的衣服、用具與所作的一切行為，而在參加下次比賽時力求以上次獲得成功的心理或條件參加比賽。如果第二次參加比賽時又應驗時，更會加強這種討吉利的心理傾向。

三、合理的情緒練習

有些人認為情緒的表現無法用訓練方法加以改進。根據心理學家的研究，教育或合理的訓練確可以改進或控制情緒的表現。一般人當知修道有年的高僧或修養到家的偉人，均能夠控制情緒，無論面臨何種事故均能處之泰然。

適當的情緒興奮可以促進更快，更正確，更大的力量。處於過度緊張的場面時亦能發揮推理或洞察的能力，以做隨機應變的反應。

運動選手在平時不注意情緒訓練而在比賽前夕或當天給強烈刺激時，對情緒的興奮反而有弊無利。為此必須在平時常實施情緒訓練才好。情緒訓練的原則是先確定具體可達成的目標，然後以堅強不移的意志貫徹始終。為此可採用下列方法：

㈠時常假設比賽場面，使選手從事類似比賽的練習。為此應常搜尋對方的情報，一面研究對策，一面練習破敵的方法。也

可以設置各種惡劣條件，實施練習，例如雨天練習，縮小跳
高柱間隔，在衆多人前練習等。

㈡以談話或鼓勵方式培養穩定的情緒。教練不僅在比賽前夕或
比賽時，更應在平時的練習，安排機會，使選手透過經驗認
清運動的價值與意義，使他們體會忍耐困苦的堅強意志的可
貴性與調節情緒的重要性，比賽時如能給選手一針見血的指
導，必可以收到穩定情緒的奇效。

㈢採用自律訓練法（ Autogenic Training ）或漸進性放鬆法（
Progressive Relaxation. ）前者屬於一種自我暗示訓練法，
在自認爲放鬆狀態下製造出自覺「熱」或「重」等感覺的訓
練法。可用被動性方式式集中注意力，使自我成爲放鬆狀態
，以消除身心失調或障礙，發揮更高的行爲效率，後者是以
身心相關性的生理學理論爲出發點的方法。由肌肉的收縮與
放鬆感覺，學習以個人的意志控制緊張與放鬆的方法。據悉
日本曾在東京奧運用此法而收宏效。

柒、運動比賽的策略

一、策略的意義

所謂運動比賽的策略是指運動員參加比賽時，對其他參加比賽者或對隊所採取的有效比賽方法或取勝的技術。換一句話說是爲打敗對方，合理應用個人或本隊能力的技術。這種策略包括技術性戰術與心理性戰術兩種。技術性戰術是個人或球隊在比賽時，有效攻擊對隊，防守自己的方法。心理性戰術是指爲求順利展開比賽，制敵機先，出敵預料，動搖敵心的方法。技術性戰術與心理性戰術具有密切關係，是無法加以嚴密區分。有效的攻擊或防守可以引起對方的心理發生動搖；相反的運用心理性戰術，可以製造容易攻擊對方或防守自己的契機，兩者的關係確是息息相關。茲分別敍述技術性與心理性戰術如下：

二、技術性戰術

技術性戰術是個人或球隊爲根據各項運動的需要，發揮個人或團體機能，從事有效攻擊及防守，以求最後勝利的方法。
一般來說技術性戰術的基礎是建立在運動員對該項運動的豐

富知識、優異技能與臨機應變的能力上。一位運動員如缺乏充
分的有關知識及優秀技能，縱然具有優異戰術，亦無法在比賽
場面運用自如。同時如無法洞察情況的變化，對方的意圖，適
時改變戰術時，無法發揮戰術效果。在平時練習時雖然能運用
各種技術性戰術，但是一上場比賽時如不能學以致用時，仍然
等於零。蘇俄運動心理學家歐造林（註十五），認爲成爲各種
運動的技術性戰術的基本能力有下列幾點：

㈠在比賽時可以適當的分配力量。

㈡爲解決具體的比賽課題，能多彈性運用運動技術。

㈢能夠與隊友保持密切的連繫。

㈣比賽進行中隨時可由一種戰術性配合或手段立即改變另一種
　配合或手段。

　　歐造林等爲進一步具體分析各種運動的技術性戰術，將競爭
性運動分爲五群。

第一群：參加比賽者依照順序出場，與對手無直接交手的項目
　　　　，例如體操、花式溜冰、田賽各項運動、跳水、滑雪
　　　　的跳遠、舉重等。

第二群：參加比賽者同時出場，在同一場地一齊或分組進行比
　　　　賽。有時與對方直接發生接觸或與本隊隊友互助合作
　　　　進行比賽。例如：

　⑴出場者分別起跑的項目。如徑賽中的 200、400、800 m賽跑
　　速度滑冰，長距離滑雪。

　⑵出場者同時起跑的項目。如徑賽中的中長距離賽跑、越野
　　跑、馬拉松、滑雪接力、自行車等。

第三群：以一對一比賽的項目。例如網球、桌球、羽球的單打
　　　　、東洋劍、西洋劍、拳擊、柔道、摔角等自衞活動項
　　　　目。

第四群：以隊與隊比賽項目。如籃球、排球、手球、足球、橄
　　　　欖球、棒球、水球、曲棍球等團體性球類項目。

　　上述分類法是根據運動技術的特徵加以分類的。因爲戰術必
須配合技術，因此研究戰術時必需考慮到各項目的技術特性。
屬第一、二群各項運動，係個人性項目，比起對第三群的對人
項目與第四群的團體項目，運用戰術的餘地較小。因此只能依
照個人的速度或速度分配，按計劃進行比賽。如言戰術，可以
攪亂對方的速度或速度分配，相反的也要預防對方的戰術以免
自亂步調，影響成績。例如徑賽長距離賽跑時，在中途故意加
快或減低速度以攪亂強敵的速度分配，使自己能在最後一段做
有利的終點衝刺。

　　對人性項目或團體項目的攻守技術本身可以說是技術性戰術
的一種。這是運動技術本身是屬一種對人或球隊的技術。視對
方的企圖、技術、態度而隨時變換攻守技術，是這些項目極爲
重要的戰術，一般來說，當運動的技能水準提高，個別差異縮
小時，比賽時的勝負會決定在戰術的運用。所以一流的選手更
需要重視技術而不斷加以研究。

三、心理性戰術

㈠制敵機先：

趁對方或敵隊的心理或生理尚未完成比賽準備時，迅速加以攻擊，以便制敵機先，使得對方倉促應戰，無法穩住陣腳從容作戰，發揮最大能力。變換戰術時，如能應用制敵機先原理，亦能收宏效。

任何一項比賽不論長短，必需花費一段時間，爲此參加比賽的運動員在事先必需做充分的心理準備才行。由這種心理準備才能集中精神，充分支配自我的能力，或發揮團體的配合或合作。如果趁對方尚未完成心理準備而加以突然攻擊時，容易收到措手不及，其動搖軍心，促其發生兵敗如山倒的現象。此時本隊可以撐握主動權，以自己或本隊的步調進行比賽，可以一口氣擊潰對方。

但是需要長時間才能賽完的項目，只要對方訓練有素雖遭受序戰的挫敗，但是仍然可以重整旗鼓、扭轉劣勢。如果發現這種現象時應併用其他心理性戰術，增加對方負擔攪亂士氣才能收效。例如日本的相撲，可以在短時間決定勝負，所以有時可以採用不給喘氣機會，一口氣將其打敗。但是足球、手球、籃球、排球等項目的比賽時間較長，雖在序戰時領先若干，但是對隊如能站穩態勢不難全力反攻收回失分，此時可以設法使對隊無法得分挫其反攻氣勢以求保持戰果。棒球或足球賽上非常重視先馳得點的理由即在此。

㈡出敵預料

只要是人，當他要行動時，在心理上事先有一種準備。這種心理準備會構成心理性欄柵。一個人的心理欄柵會決定知覺的對象或範圍，也會決定思考或行動的方向，換句話，會

由心理性欄柵決定，看什麼？聽什麼？考慮什麼？而怎樣行動。奇妙的是當一旦形成心理欄柵時很難改變觀點，脫離既成的欄柵。做為智慧遊戲的一種藏圖遊戲，便是利用心理欄柵的具體遊戲實例。想要發現藏圖時必需打破日常生活既成的心理欄柵才能收效。

出敵預料，聲東擊西的戰術就是趁對方未準備時加以攻擊，或利用對方既成的心理欄柵弱點的一種方法。當對方以一定的心理欄柵進行比賽時，自己或本隊以出敵意表的方法，促使對方發生錯誤的判斷，無法適應比賽。因為出乎意表的行為，會使對方無法立即改變知覺，思考或行為方向，往往會引起錯誤的判斷或行為，以致失分累累。籃球比賽時的假裝傳球而突然改為運球，假裝投籃而轉身運球投籃；排球賽的硬攻改為虛攻，向前上托球改變向後托球，棒球的長打突然改變短打等均屬於利用這種原理的戰術。

㈢增加對方的心理負擔

以各種動作示威，使對方產生實力極強，難以抗禦的錯覺。通常所採用的辦法是，比賽前在對隊或眾運動員前面故意顯示實力，以收下馬威作用。例如跳遠選手以短距離助跑盡量跳遠，鉛球選手以站立式投擲盡量推遠，排球選手在賽前練習時，猛練威力強大扣球、發球，籃球選手的跑籃，中距離反身跳投等。如果這些動作極為熟練美妙，往往會收到威壓對方，增加心理負擔之效。

任何項目的運動員或教練準備與他隊比賽時，均會想辦法獲取對方運動技術的情報或事先加以評論，此時如能把握機

會在衆多運動員前面擧行示威時，極易收到給對方增加心理
負擔之效。受到心理負擔的運動員或球隊，內心會產生不安
感，重新估計敵我實力，以爲適應比賽的依據。如果認爲對
方的實力比原估計爲高時，這種估計會抑壓比賽時的技術，
愈使無法發揮原有的技能。日本摔角協會會長八田一郎，曾
率領摔角代表隊參加赫爾辛基奧運會與墨爾鈦奧運會。當時
爲了增加各國選手的心理負擔，故意令選手在賽前做柔道與
合氣道的表演，以收先聲奪人，威壓衆人之效。相反的有些
人會運用顯示弱不禁風的策略，使對隊認爲不堪一擊，引起
對隊輕敵或鬆懈之心，俟比賽時發揮猛烈的攻擊使對隊措手
不及。

　人的行爲有受要求水準所決定的傾向，和弱隊比賽時往往
無法發揮最大威力便是一例。這種心理性戰術可以配合大衆
傳播（新聞、電視、電台等）時更能收到意外的效果。

㈣給予本隊隊員有利暗示

　暗示是知覺、觀念、信念、企圖、行爲等未經過理性的判
斷或選擇，無條件接受他人的言語或其他信號的心理過程。

　年輕選手往往會接受自己所信賴的教練的暗示，發揮相當
高的能力創造優異的成績。尤其是已接受暗示而成功的選手
爲甚。

　運動選手的被暗示性會受年齡、性別、知能、神經症傾向
等因素的影響而其程度有異。有時也受疲勞、睡眠不足、情
緒不安、猶豫不決、迷惑、催眠、酒醉、服用毒品（麻醉藥
）等一時性因素而發生變化。

　　暗示者與被暗示者的關係極為重要，如果對暗示者有信賴感，被暗示性會增加。

　　參加比賽時，多數運動選手的心情都會緊張不安，在這種心理狀態時，比較容易接受教練的暗示。因此為加強自信心，維持心理安定，暗示是一種可用的戰術之一。

運動比賽的心理

捌、怯場的心理

　　絕大多數的運動員，當第一次參加觀衆多規模大的比賽，可能會發生怯場的現象。有關怯場的起因，處理方法雖在“如何適應比賽”篇裡稍加敍述。茲爲提供敎練及運動員參考起見，根據資料，專章詳述如下。

一、怯場的意義

　　參加比賽時，心情不安無法充分發揮平時實力時，稱謂該人發生怯場現象。這種怯場心理不僅比賽時，在考試或生人前面講話等，處在強烈的情緒刺戟的場面時也會發生。是一種臨場不安的心理。

　　適度的興奮或緊張可以促進心理機能，但是過度的興奮或緊張反而會抑制身心的功能。所謂“怯場”是因過度的情緒興奮，使身心的正常功能遭受破壞，無法集中精神，失去自我統制的狀態。

　　怯場的心理學機能雖然尚無法加以解明，但是已知下列各種現象。也就是說人的感情或情緒的中樞，被認爲在間腦，而在間腦的視床下部有自律神經中樞，爲此會因感情的變化而引起自律神經機能的變化。自律神經分爲交感神經與副交感神經，

兩者發生抵抗作用，平靜時交感神經與副交感神經的機能保持
調和狀態。

註：自律神經的作用

交感神經的中樞在脊髓的胸腰部側角，經脊髓前根分布至皮膚
、血管、內臟，副交感神經是包含在腦神經的一部分，由腦分
出後分布至末梢各器官。交感神經與副交感神經的作用如下表：

自 律 神 經 的 作 用

		交 感 神 經	副 交 感 神 經
瞳	孔	擴 大	縮 小
眼	球	突 出	陷 沒
心	臟	跳動加快	跳動減慢
血	管	收 縮	鬆 弛
血	壓	上 升	下 降
消 化	管	抑制蠕動	促進蠕動
氣管 支氣管		擴 張	收 縮
	毛	收縮成鳥毛	
汗	腺	促進分泌濃（油）汗	促進分泌淡汗
副 腎 髓 質		促進分泌	抑制分泌
膀	胱	鬆 弛	收縮排尿

但是感情興奮時，交感神經與副交感神經會失去調和，兩者中
的一種機能會增強。因此會引起身體各器官機能的變化。

當自律神經機能發生變化時，內分泌的狀態也會變化。例如
興奮時，會促進交感神經機能，由副腎髓質分泌阿度列拿靈（

Adrenaline ）更能提高交感神經機能。

一般來說，參加比賽時，會因適度興奮，緊張而刺戟交感神經，此時會發生抑制消化，使肝臟輸出血糖，副腎髓質分泌阿度列拿靈，血壓脈拍等會增加，呼吸也會加深，使身體能適應激烈運動。換言之，將身體任何機能集中於肌肉活動，使活動活潑，並且能發揮強大力量。

但是如果興奮過度，或緊張過度，大腦皮質的活動會發生混亂，以致無法統制自己，使得無從發揮實力，影響成績。上述情形便是怯場狀態。所以可以說＂怯場是因過度興奮或緊張，無法做有效的適應，使得身心不能正常活動的狀態＂

運動選手中，有人說參加比賽時，如有怯場情形時，反而可以創造優異成績或創記錄等。這種狀態可說不是＂怯場＂而是將緊張或興奮狀態誤解為怯場者。真正的怯場是忘我的狀態（失去自我的狀態），或身不由己的狀態。松田岩男等以一流選手為對象調查的結果，選手對怯場的認知極為曖昧不清。多數選手在比賽結束後，將自我的失敗或不理想的成績，歸因於怯場。換一句話說，以比賽的結果判斷有無怯場。同時，一般來說認為身心情況（ Condition ）不佳時，其原因都在怯場。實際上，身心情況並非僅由怯場所引起。如果身心情況不佳時，應除去不佳原因，將一切原因歸於怯場是錯誤的。

由上述可知，指導選手能以客觀的立場，正確的把握住或充份了解本身的精神過程（心理機能）是教練所負的重要職責之一。

二、怯場的徵象

怯場時會有許多徵象。例如常會感覺尿意。手足、膝蓋等會發抖，臉色會變靑、變紅，感覺下肢沈重，全身飄飄然等。

市村操一由這些怯場的徵象選拔五十一項做爲怯場特性。並且經過因子分析法，把怯場的原因歸納爲下列五種因子。

第一因子是，表示自律神經，尤其是交感神經系緊張；包括好像喉嚨阻塞、唾液粘化等徵象。

第二因子是，表示心理緊張減低；包括注意力減低，愈是想要沈着，愈是焦急等。

第三因子是，表示運動技能紊亂；包括手足不由自己，動作不自然等。

第四因子是，表示不安感情；包括會不會失敗掛念性等。

第五因子是，表示自卑感；包括好像對手極爲沈重穩定，苦於自卑感等。

由上述徵候可以獲得某程度的怯場要因。這些要因包括下列心理性要因，同時這些要因互爲作用，形成怯場現象。

㈠對比賽的自我干與

強烈意識親友、長官、師長等週圍人的期望或意識自我的目標或要求水準。

㈡起自被衆人觀看的不安

不僅限於比賽場面，在衆人前公開講話，參加各種公開考試時，也可以發現這種不安心理，這種不安與一時性對人恐懼

症狀態相同。

㈢對比賽成績的預期性不安

　能否打敗對手？今天的身心情況是否良好？能否創新記錄？
能對未確定條件所抱的不安感。

㈣過度的緊張狀態

　可以發現興奮、發汗、臉色蒼白、頭暈、尿意頻頻等怯場徵
象。這種徵象與其他場面的過度緊張時所能發現的徵象是一
樣的。

㈤運動系機能障礙的發生與其意識

　此時也會產生不安反應。而且「無法活動自如」時，這個事
實會被強烈的意識，為此愈會怯場而愈無法活動自如。

㈥曾體驗失敗而喪失自信，對自己發生不安

　如果曾經失敗過，有些人發生一種這次會不會再失敗的預期
不安。

　如上述可知，怯場是因過度緊張或興奮所引起的心理、生理
行為等混亂。如果發生這種混亂狀態時，在心理方面，有那些
機能會發生混亂？

　當吾人從事某種運動時，最重要的心理機能有二；一是集中
精神的機能。人想要遂行某一件事情時，對該目的會動員各種
心理機能，使其能發生導向，區分職責，以發揮最高能力。為
此必須集中精神。二是統制感情，安定心理的機能。換言之，
支配自我心理機能。

　根據上述兩種心理機能，才能完成運動或維持運動狀態。是
從事運動時成為基礎的心理機能。

怯場時無法集中精神，也沒有辦法支配自我。爲此實際上無法發揮實力，創造優異的成績。因此爲使每位選手能充分發揮實力，指導選手避免發生怯場是敎練上極爲重要的一個課題。

三、容易怯場的選手

運動選手中，有些人很容易怯場，但是也有些選手並不然。松田岩男等以東京各大學一流選手五八六人（男五〇四、女八二）爲對象曾做怯場的調查。

調查結果，自認爲「怯場」的選手，因他們所參加的比賽規模、內容、項目而怯場的感受不同。

在所調查的選手中，不管參加何種性質的比賽都不會怯場者佔 20％–30％，但是體操選手怯場的比例相當高。像體操比賽，在極短的時間內會決定勝負的項目，比較容易怯場。田徑運動的短距離跑、跳躍、投擲等項目也是一樣的容易怯場。但是比賽時間比較長的運動項目，在比賽開始時設使有怯場狀態，但是因時間長，有時可以在中途恢復正常狀態。在田徑運動裡包含許多不同特性的項目，所以一般來說，不怯場的比例比較高。

以田徑選手來說，依項目別分類「怯不怯場」時，短距離跑與投擲選手中容易怯場的選手較多，中、長距離選手最少。

是否會怯場與項目有密切關係外，與選手的性格也有關係。一般來說不習慣比賽場面的人，對刺戟敏感的人，對刺戟缺乏耐性的人，缺乏自信的人均容易怯場。

　　根據松田岩男等所調查的結果，具有下列性格特性的選手容易怯場：

㈠掛念性，神經質等，所謂具有強烈神經質傾向的選手。

㈡對刺戟過敏，具有強烈主觀傾向的選手。

㈢怕羞，想盡量避免社會性接觸的，具有強烈社會性內向傾向的選手。

　　不過無法匯集性格特性來了解一個人的性格。必需能把握各特性間的相互關係才能了解真正的性格特徵。

　　站在這種觀點，松田岩男等所調查的結果，具有思考面內向，而行為面外向特性的選手比較容易怯場。

　　以上，就何種選手較易怯場加以敘述。這種敘述並非意味容易怯場的人，無法適應比賽。反而有些項目需要具備神經質傾向才行。在東京奧運會前，調查各項運動代表隊教練的性格特性的結果，發現田徑運動的短距離跑、體操等教練（這些教練曾經是各該項目的一流選手）在比較上具有神經質傾向。換言之，也許項目的特性會要求選手具有該種特性也說不定。

　　因此具有上述傾向的選手，可以透過練習或比賽，樹立對本身技能的自信，鍛鍊不怯場等。事實上，這種可能性極高，也是極為重要的事情。

四、怯場的對策

　　稻垣安二曾以籃球選手做對象，實施如何脫離怯場狀態的調查。結果可知進入球場前「從事準備運動，以求精神的安定」

「務求不去想勝負」「與人談話，以恢復精神」等較多。進入
球場後「將全精神灌注比賽」「做深呼吸」「下腹部用力」爲
多。但是怯場的對策，如僅在進入賽前或比賽時才設法脫離怯
場的話，可說還不夠。應該在日常練習時，在其過程中擬訂怯
場的對策才是。

換一句話說怯場的對策，應包括平時的練習，賽前入場，比
賽時等，不斷的加以研究與準備才能收效。

松田岩男等曾於一九六七年對各項運動教練實施「爲培養選
手不怯場的能力」在平時練習時如何加以指導，對比賽時怯場
的選手加以何種指導等調查。結果因項目或教練而其指導方法
不相同，其中有些具有傳統性的，也有相當合理的方法。由這
些方法中抽出主要的方法如下：

練習時的指導方法，應包括練習賽，改變條件（雨中練習，
改變練習場所，配合大會時間練習）的練習，辛苦的練習，採
用極限性練習，使選手體會現實的嚴酷性等數種方法。同時採
用特別強調精神面訓練，例如爲樹立自信心，加以鼓勵，閉目
深呼吸以求精神的統一等方法的教練也不少。

比賽時有些教練本身留意沈着的態度，有些甚至以叱責的口
吻對待選手。同時也有些教練以家常閑話和選手談天，或以輕
鬆口吻解除選手們的緊張心情。也有些人採用深呼吸、閉目、
或凝視隊旗望藍天，辨別運動服，下腹部用力、穩坐、輕敲肩
膀表示安慰等方法，以穩定選手的心情。另外一種方法是，告
訴選手們不必拘泥勝負，勿期望實力以上的表現，盡力而爲，
輸也沒有關係等不提高要求水準的教練也不少。

上述方法可歸納爲下列三類

1.有意抑制的方法：

　　一般來說，這種方法的效果不大。正如後述，愈想抑制怯場，愈會怯場。但是如果曾處理過怯場而獲得效果時，或學習處理怯場時，採用這種方法可收效。

2.領隊或教練替代（在精神上）選手的方法

　　例如「相信我」「教練所說的絕對沒有錯，不必怯場」等。此時，選手們的依存態度是最重要的基礎。採用這種方法，有時有效，但是教練本身應注意本身避免怯場。如是所得效果適得其反。

3.教練或選手自創的方法

　　有各種方法，有些是適用心理性知識或方法。例如自我暗示，在腦中事先擬定行爲方法，深呼吸、下腹部用力等。但在這些方法裡也包含教練獨特的具有特效方法在內。

　　由上述可知有許多指導方法，但其中確包含些有效的方法，但也有些反而會更加促進興奮，誘發怯場的。這種和情緒有關連的問題，往往受選手的性格或選手與教練之間的人際關係影響。因此很難說，只要採用這種方法，就可以預防或消除怯場。

　　不過考慮情緒性質時，在基本上應有些共同遵守的原則。一般來說如想不怯場應採下列措施。

　　稻垣安二的調查結果：

項　　　　目	（％）
進入球場前	
做充分的準備運動以穩定情緒	29.6

設法不去想勝負	18.5
與他人交談，以恢復精神	14.8
比賽前先進入比賽場地	11.1
去想和比賽沒有關係的問題	11.1
進入球場後	
熱中一種比賽動作	22.5
深呼吸	18.5
下腹部用力	18.5
發出聲音配合動作	14.8
撿拾球場上的垃圾	7.4
做極端的慢動作	7.4
凝視天空或天花板以穩定心情	7.4

1.不過分抑制不安感或心理動搖

人的感情或情緒不易受理智所控制。換一句話說，愈是想「不要怯場」「不可以怯場」，在內心（理性）想加以抑制時，愈無法控制它。這種現象與愈想睡而愈無法入睡的道理是一樣的。

由此可知想要控制感情或情緒時，絕不可過分抑制它，如果發現有怯場現象時反而隨其自然比有意抑制更好。

除此之外，「動」可以致使心理安定。由稻垣安二的調查可以發現運動身體以避免發生不安感覺，消除心理動搖者不少。不用理性去抑制過度興奮的狀態，以身體運動試圖脫離怯場是一種有效的方法。有些選手在比賽前敢各種動作，其目的除了當做準備運動以外，同時也做爲克服不安感或心理

動搖，抑制過度興奮的精神，以做心理面的準備。

2. 應有精神上的依據。

要想保持心理安定必須有其依據。當心理發生動搖而不知如何是好時，最重要的是設法找回心理依據。如能找回心理依據，內心即可安定。這些依據不論是神佛、雙親、教練均可，重要的是希望這些心理依據能做爲穩定精神的契機或中心。

3. 回想成功的經驗。

參加比賽之前，設法回想過去參加比賽時獲得成功的經驗，以該次成功經驗做爲此次比賽的心理依據，以求心理安定。換一句話說將心理的依據設在「成功經驗」，以便樹立自信心。根據觀察，多次的成功經驗，確是學習處理怯場的良好方法。

4. 勿將意識集中於部份動作，應集中於策略、戰術等全體性的行爲。

如將意識集中於部份動作時，有時會失去動作的連貫性或全體性。運動技術是整體有系統的，部份動作，是整個動作過程中的一部份，其位置必須是正確的。假如過度緊張，將意識集中於某一部份動作時，動作會僵硬呆板，易形成不安原因。尤其在運動技術不穩定，尚未熟練固定階段時容易發生上述現象。以教練的立場來說，教練較了解選手的優缺點，有時會感覺「如該動作能再求進步時更好」，因此會期望選手將注意力集中在某部份動作上，以此求整個姿勢的進步。假如常在練習過程中注意這些動作時，可使選手們站在全

體技術的立場上加以練習。因此不會有問題，但是在比賽場面突然指摘部份動作的不是時，反而會引起得不償失的後果。

因此一般來說，應將意識集中在全體動作上，避免過份拘泥部份動作才好。為此不論是個人項目或團體項目，應使選手們集中注意「策略或戰術」問題，避免關心自我動作的細節問題才是。

5. 給予指示行為方向的助言

" 加油 " " 好好的幹 " 等鼓勵性言語，可能對有些選手來說反而會促進怯場的程度。

當選手處在緊張狀態時，如再加上精神負擔，其後果多半不理想。一旦人在緊張狀態時，容易迷失處事的方向與原則，不知道在何時何處，如何處理何事？此時應給與具體的明確行為方向的助言才好。

玖、田徑比賽的心理

一、短距離賽跑的心理（附圖7　短距離賽跑的心理）

短距離賽跑是以
最快速度跑完400
公尺以下距離的全
速度運動的比賽。
由於需要在短時間
內發揮最高能力，
所以必需集中精神
，做迅速反應並且

圖7　短距離賽跑的心理

能貫徹始終才能創造優異的成績。玆列述影響短距離跑的各種
身心要因如下：

㈠迅速的精神集中

　　不論長、短距離賽跑，像跳躍、投擲、器械體操、跳水等
，必需在短時間內發揮最高能力的項目，非在短時間內集中
精神使出爆發性力量不可。

　　以十秒前後就決定勝負的百公尺賽跑，一旦起跑以後想要
重整旗鼓，迎頭趕上是不可能的事情。當參加比賽時，任何

一個人都會感覺到精神興奮、肌肉緊張。這些興奮與緊張，對於從事激烈運動來說是絕對需要的，如果參加比賽前肌肉不緊張，精神又不興奮時，其結果反而會不妙。

不過這種緊張與興奮必須是適度，如果過份緊張或興奮時，就無法控制身體的動作，其運動功能會受到阻礙。所謂過份緊張或興奮狀態是指注意力傾向不必要的地方，反而無法如意的自由操作該做的動作，完全失去控制，而浪費熱能的狀態。運動選手參加比賽時所必需的緊張或興奮是向某一方面（目的）統一精神的緊張與興奮。因此在平時練習時應注意培養短時間內可以迅速集中精神的能力才好。

有些教練對正要參加比賽的短距離跑選手，常做「忘我」、「不要想什麼」等指示，以收穩定心理之用。不過要注意短距離跑的起跑與其他運動比賽在「本質」上有不同的地方，應加以區別應用才是。

如果想要做迅速的動作時，必須將注意力集中在該動作，但是如果下一動作是具有選擇性而視情況以選擇適應動作時如果僅注意某一動作時，其反應另一動作的時間反而會減慢。因此，在這種狀況時最好採取能適應任何情況的狀態才好。

短距離賽跑的起跑動作是一定的；並沒有選擇的餘地。所以祇要採取能迅速做起跑動作的身心準備即可。

乍看之下，瞬間統一精神似乎極為簡單易行，但是實際上卻不太容易，須要透過每日的練習才能達成。每一位短距離賽跑的選手應切記這個事實並加以勤練才能收效。

㈡起跑動作的反應

起跑時運動員聽到槍聲到開始起跑動作之間，究竟需要多少時間？經過測驗後已知有個別差異。這種全身性反應時間可以經過反覆訓練加以縮短，一般來說短距離選手較長距離選手爲短。

經過實驗已知，起跑「預備」狀態時，將注意力集中在槍聲或是身體動作時，其反應時間不相等。前者屬於感覺反應而後者稱謂肌肉反應。由研究結果已知肌肉反應比感覺反應快的事實。

右表是在實驗室所測驗出來的結果。以光、音、皮膚代替號音測驗肌肉反應與感覺反應的時間。結果發現以

反應 刺激	肌反應	感覺反應
視覺（　光　）	180	290
聽覺（　音　）	212	225
觸覺（皮膚）	105	210

刺激皮膚時的反應最快，肌肉反應比感覺反應要快。

由此可知短跑選手在練習起跑時，採用注意力集中於身體動作以便迅速反應較有利。起跑練習是對刺激迅速反應的一種練習。練習時切勿從事無意的機械性練習，應集中精神反覆做有意的練習才有效。

㈢誤機的心理

起跑的快慢對短距離跑選手來說極爲重要。因此在練習時必須集中注意力，做迅速的反應。也要準備萬一比別人稍慢時應如何處理的心理態勢。

起跑時最好和別人一樣快。但是有時候難冤因其他因素而

無法集中精神或在預測時間內沒有預期的信號，或是集中精
神的過程中，無形中介入其他意識時會發生延誤起跑的現象。

運動員參加比賽時可能在同一組裡有反應極快的或起跑技
術優異的選手，此時有時會相對發生誤機起跑的現象。尤其
，平時沒有好好練習正確的起跑者，更容易發生這種事情。
通常可以發現有些運動選手因誤了起跑時間而停止起跑動作
。如果在平時練習時已養成這種習慣者，當他參加比賽時往
往會遺恨終身。

短跑比賽時如果有人在起跑時犯規，此時必須重新起跑。
但是如果有人不小心誤機慢一點起跑時，絕對不會重新再起
跑。所以凡是短距離選手應特別重視迅速的起跑動作，假如
有二人或三人的速度完全一樣，那比賽的勝負可說完全決定
在起跑技術。誰的起跑動作快，誰就會贏。

當一位選手在起跑時犯了一次規而重新起跑時，其心理的
緊張或負擔會加重。這種心理包括如果再犯規時會被取消資
格的不安感覺。因此精神不易集中，再度起跑時會比平時慢
些。所以平時練習起跑時也應該考慮這個問題而加以練習集
中精神才好。

總而言之，最重要的是練習正確快速的起跑工作，千萬不
要抱著投機取巧的心理，並且使其習慣化才是上策。所以除
了極冷的多天外，應將起跑列在均常性的練習表內。當然，
以練習的程度來說應排在準備運動之後，身心不疲勞而感覺
情況最佳時，如是可以收到最佳的練習效果。

(四)矮小的人顯得快 （附圖8　矮小的人顯得速度快）

參加運動競賽的主要目的是求勝或樹立最高記錄。爲此許多選手會利用各種方法判斷本身的身心情況，或預測比賽結果。

圖8　矮小的人顯得速度快

　雖然有個別差異，但是短跑選手中有不少精神敏感者。這些人往往會將對手加以過高的評價。因此通常在初賽晉級後，才能獲得心理的穩定性。這種傾向和參加入學考試、留學考試檢定考試一樣，一般人所具有的「好像別人比自己強」的心理感受相同。爲什麼會產生這種心理感受？這是受該場域心理壓力所引起的，如果神經敏感，加上具有自卑感者，愈容易感覺自己比別人差，相對的會將對方估計的很高。由於這種現象是由內心的感受所引起的，所以如果自覺身心爽快，充滿活力時，也會產生「對方不足畏」的心理感受。

　當判斷對方實力時，除了根據上述各種因素外，要注意一個事實。在物理學上來說，體積大小不同的兩物體以同等速度分別運動時，旁觀者會感覺體積小的速度較快。正如我們在公路上看大卡車與小轎車疾馳時，總是感覺小轎車爲快一樣。短跑選手中有的身體高大，有的短小精悍。兩者如均以全速度分別跑，可能會誤會短小精悍者爲快。實際上如一齊比賽時並不然。

　　1932年第10屆奧運會在美國洛山磯舉行時，號稱拂曉特快車的日本短距離選手吉岡隆德，雖然在預、複賽時以相當優異的成績跑完全程，也使亞洲人認爲極有希望獲得獎牌。但是沒有想到參加決賽時，與高大的歐美一流選手相比，却落得最後一名（第六名）。當時的冠軍是美國杜蘭，其體格較吉岡高大，步幅大而富力量，所以輕易的打破世界記錄並且獲冠軍。相反的吉岡隆德的身高僅165cm左右，單獨跑時感覺極快，實際上與高大選手一拼時即不見得快多少。由此可知第三者對身體的大小與移動速度的快慢的認知是不太可靠的。

㈤由預備線至「各就位」

　　當檢錄員點完了名後，將選手們帶領至起跑線附近，開始換穿釘鞋，脫掉外衣，準備參加比賽時，任何選手多少會感覺緊張、興奮或不安。此時的內心可能相當複雜，可能會包括能不能順利起跑？今天的身心情況是否良好？同組比賽的選手的情況如何？今天可能創造的成績多少？跑道情況如何？觀衆的態度？……等。但是當他裝好起跑器利用賽前機會練習起跑時上述不安的心情會逐漸的安定下來。由此可知賽前不斷的活動身體，將注意力集中在某一動作是比起靜待比賽的來臨，可以獲得心理的安定性。

　　曾在第十七屆羅馬奧運會獲得百公尺冠軍的西德哈里選手，在比賽前，不斷的在起跑線附近來回的走動或慢跑；或曾在第十八屆東京奧運會獲得女子八十公尺低欄第五名的日本依田郁子，在起跑前常在跑道附近做前後滾翻、倒立等，這

些都是證明賽前以身體運動調劑心理的不安，緩和緊張、興奮的情緒，統一精神的成功例子。由上述動作可以消除雜念，並且集中精神於動作，這些行為對於參加激烈比賽來說是極為重要的。

短距離賽跑的起跑必須配合敏銳的神經功能，但是有時會因過度興奮而變成全身無力。此時應刺激神經以求精神集中。雖然不太清楚原因，選手們有時候會陷入能不能做迅速反應的不安感覺。此時如能及時嘗試迅速的反應動作，是可以消除不安，樹立自信心的。任何一個人處在新的環境或生疏的場面時多少會感覺不安。精神也會動搖。如屬沙場健將，即會立即以習慣性的行為適應新的場面，照樣發揮優異的成績。所以吾人常聞，久經沙場的有名選手不論參加何種比賽都能有穩定性的表現，而初出茅廬的資淺選手常會失常，無法創造優異的成績。這是前者經過長久時間的練習可以隨時統制自己，支配或適應新環境（新場面），而後者是受場面的吞沒（無法適應新場面）的緣故。

由上述可知，短跑選手應在平時就決定自出場至「各就位」以前，應做的動作，以求精神集中才是。

㈥「各就位」至「預備」

有些短跑選手在「各就位」與「預備」之間，會做許多無為的動作。以一流的運動員為例，通常自「各就位」至「預備」的時間須費12秒～15秒鐘，但是也有少數人須要更長的時間。由於規則上並無限制「各就位」至「預備」的時間，所以參加比賽的選手中，只要有一人的動作緩慢，其他選

手必須等待他。爲此往往會影響其他選手們集中精神的時機。人能集中注意力的時間有一定極限，這個極限相當短暫，如果超過這個極限卽無法集中注意力。

在已往，我國或日本等短跑選手，聽到「各就位」與「預備」的口令後，完成上述動作的時間較其他歐美選手爲短，不過經過若干國際性比賽後，由經驗中體會到稍放慢的重要性。不過過份延長「各就位」與「預備」動作的時間，不一定對起跑有利。最重要的是如何才能集中注意力才能迅速完成起跑。棒球比賽的投手與打擊手，日本相撲的起揷動作的「時機」等與起跑具有相同性質。換句話說，時機極爲重要。

二、中、長距離賽跑的心理（附圖9　中、長距離賽跑的心理）

㈠中、長距離賽跑
　與耐力

圖9　中、長距離賽跑的心理

中、長距離賽跑是指800公尺至馬拉松跑之間所包括的各種距離跑的項目。如果想要創造優異成績，選手應具備二種體力要素。一是耐力，二是相當高的速度，在此暫且不談速度，只分析耐力的重要性如下。耐力是指「負荷某種作業或從事某種運動而能從事長久時間作業

或運動的能力」。某種類可分為全身性耐力、局部性耐力、有氧性耐力、無氧性耐力、心肺耐力、肌耐力、速度性耐力等。中長距離跑所需的耐力是包括心肺耐力（有氧性耐力）與肌耐力（下肢肌耐力），而距離愈短的肌耐力或速度性愈重要，距離愈長者心肺耐力愈重要。

根據心理學家的研究（註十六），已知影響耐力的因素有下列若干種：

1. 呼吸機能的良莠（攝氧量、換氣量、換氣率等大小）。
2. 心臟拍出量的大小（每次搏出量，每分鐘搏出數的多少）。
3. 組織內毛細血管的發達情形（毛細血管的數目）。
4. 肌組織內化學性適應力（熱能儲蓄量，熱能化學作用的效率高低）。
5. 血中紅血素的多寡。
6. 意志力的強弱。

由上述各種因素可知，如想加強耐力必須設法改善上述耐力要素才行。以呼吸、循環機能為中心的心肺耐力與肌耐力是中、長距離賽跑選手最重要的體力要素，由此可以進一步指出影響中、長距離跑的生理條件有下列幾種：

1. 負荷本身的體重以相當速度移動的肌力（腿力）與肌力的恢復能力（在此所指的肌力恢復能力是，由不易疲勞的程度表示出來的能力）。這種能力會因練習，毛細血管增加而提高，使肌肉疲勞容易消失，同時這種恢復力與肌力有直接關係。
2. 心肌的強度及恢復力（經練習後心肌會發達，血液供應量

會增加）。

3.肺臟機能（呼吸機能）。

4.自律神經系的適應情形。

上述四種條件中，自律神經系的適應問題與心理問題具有密切的關係。必須不斷反覆同一動作的中、長距離跑裡，因動作的反覆，心理的緊張度會加高，此時，會產生一種不想跑的抑制心理。一般人做工作時，如果時間長，也會產生厭煩的心理，何況隨伴著肉體上痛苦的中、長距離跑，更會發生這種心理傾向。

這種想要逃避中、長跑，或放棄工作的心理傾向或力量，不僅受該項運動或工作的性質（例如沒有興趣、單調）的規制，也受該人本身的條件，例如是否充分認識本身工作的意義，貫徹目標的慾念等影響。

中、長距離跑選手中能在最後一圈使出最大力量，做有效衝刺的人是，能克制長時間單純反覆動作所產生的內心阻力，具有貫徹目標的堅強意志者。由此可知，所謂耐力不僅須具備生理條件，還得受心理條件的影響。

㈡對動作的意識性干預

中、長距離跑是一種長時間反覆激烈動作的運動。從事這種運動時不僅需要不斷的反覆身體的動作，還得處理反覆動作所產生的心理問題。如果選手本身在賽跑時認爲無法獲得勝利時，即使在生理上尚有能力，但是實際上可能無法發揮餘力，做有效的衝刺。

經過心理學家的研究，已知人從事耐久性運動或作業時，

對動作的意識性干預有三種類型。

第一種類型是對本身的動作，不需任何意識性統制，動作與意識可以完全分離。屬於這種類型者，可以一面跑一面隨意思想。浸入自由觀念的世界裡，其心理狀態極為自由自在不受約束的，這種人可以隨時以新的心情參加賽跑，不容易失去鬥志。例如一面跑一面在腦裡面哼小調，或在腦裡想像過去的美好經驗或優勝等。這種人可以一面思考別的事情，一面做正確的動作。

第二種類型是在運動時雖然可以自由思考，但是也需要對運動時的動作付一半意識。也就是說一面跑一面注意跑的姿勢，留意身體情況者。不過並非始終注意動作或身體情況，而在跑的途中也可以任意思考其他事情者。

第三種類型是，在整個運動中非意識動作不可的人。例如跑速是否太快？以這種跑法能否跑到底？身體的情況是否良好？等不斷產生意識動作情況者。

衆人皆知，屬於第三種類型者不適合中、長距離跑。由於中、長距離跑是屬於長時間的反覆性運動，如果過份意識自我動作時，會形成一種壓迫感而招致疲勞。尤其在最後衝刺時，身心均會疲勞不堪，甚至會失去繼續跑的意願。

上述三種類型受性格與練習程度等二種因素的影響。如能有計劃的練習，初時屬於第三類型者，會隨時記錄的進步變成第二，甚至第一類型者。如果想要變成第一、二類型者，應透過激烈運動的練習，加強呼吸、循環系統的功能（攝氧能力），在心理上注意上述須知，從事練習才能收效。

(三)積極的情感（ 附圖10 燃起不認輸的鬥志 ）

參加激烈且費時間的中、長距離跑比賽時，如果在賽跑中只是茫然思索別事的話，不一定可以創造記錄。運動員本身必須以積

圖 10 燃起不認輸的鬥志

極的慾念或態度參加比賽。過去有些一流選手在參加比賽時（ 起跑前 ），先在腦裡想像受其他選手欺侮、毆打，以便激起不認輸的奮鬥心理。由此可知有心的運動員，參加比賽時其外表雖然極為沈靜自然，但是其內心是在不斷的產生積極性情感。

一般人均體會過，人的情感對工作或運動會產生極大影響的事實。運動場面的情感可分為積極、中性、消極等三種，而積極性的情感對於提高效率有很大的幫助。

積極的情感是參加比賽時積極性態度的基礎。這些積極性情感包括幸福、希望、興趣、諧謔、協調等感情。消極性情感包括嫌惡、恐懼、憂傷、掛念等感情。如果想要創造優異記錄，或有良好表現的運動員，應在日常生活中不斷留意保持積極性情感。並且以此為基礎，自行培養克敵致勝的強勁鬥志的積極性態度才是。

(四)領先群的心理

隨着訓練的科學化，近年來的中距離跑的速度愈來愈快，以八百公尺爲例，現行的世界記錄是 1′43″ 多一點，其百公尺的平均速度不到 13″，可以說其賽跑的構造愈來愈接近短距離跑。換一句話說，發揮個人最大能力對中距離跑來說已逐漸成爲中心性、重要性而受比賽對方的影響愈來愈小。但是長距離跑或馬拉松跑，極受比賽對象的影響，吾人可從參觀長距離跑比賽中發現，起跑後成爲一團的選手們，隨著時間逐漸分成領先群與落伍群。這種情形與時間的經過愈來愈顯著，甚至落伍群會分散成若干小群或形成長蛇狀，不過領先群且不會輕易分散，甚至晉入最後一、二圈時仍然維持一團。實際上由這些領先群的形成情形可預測優勝者或上名的運動員。

根據分析，領先群有二種心理的傾向。一是不希望失去領先群的位置。比賽時往往可聽見有些啦啦隊或觀衆不斷鼓勵參加比賽的選手說「跟住前頭！」「不要被拉遠！」等鼓勵語。當然正在跑的運動員也是努力維持有利的位置。有些運動員參加高水準的比賽時，往往因跟隨領先群而打破自己的最高記錄。不過有時因速度過快而無法跟上，最後終於落伍甚至退出比賽。

如果想要求長距離跑記錄的進步，運動員在平時練習時應常研究如何分配速度跑完全距離，同時留些最後衝刺所需的餘力才行。不過人具有一種保護自己的本能，往往所擬訂的練習計劃是基於自我最高記錄之上。因此所練習的速度分配不一定是個人的最大能力。換一句話說，爲避免中途陷入精

疲力竭，由大腦所控制的速度是屬於心理極限內的速度。這種練習的結果對成績的進步是有限的。

但是參加比賽時，如跟隨領先群時，往往會受領先群的作用，改變極限，創造意想不到的記錄。

如果和實力相差顯殊的選手賽跑時，當然無法並肩或跟著跑，但是如果死守自己的速度跑到底的人，當他被眾人拋在後面而其落伍距離相當大時，所承受的心理負擔極重。此時必須以自己的能耐跑到底。如果能參與某一集團或某一群一齊跑時，無形中受該集團或群的團體力量的吸引，可以以較快的速度繼續跑。

領先群的另一種心理傾向是求勝利。參加領先群的選手均具有一種野心。這種野心是，不僅保持原來位置，並希望伺機溜出以獲最後勝利。在領先群中互相觀察對方的跑法，身體的情況，有時候躍出前面，有時稍退在後面等。

想要保持領先群的位置與獲得比賽勝利的二種心理功能，並非異樣。不過以領先群的一員一方面跑，一方面想要加快速度溜出領先群而獲勝是一種矛盾的心理。有時受這種矛盾心理的影響，很難溜出領先群。不過吾人可以假想如有一名優異的選手領先群體時，如果以個別的立場來說，難以追上時，往往可以成群的狀態追上領先者，由此可知集團的力量是遠比個人的力量為大。

(五)虛虛實實的策略（附圖11　中、長距離賽跑虛虛實實的策略）

參加長距離賽跑而位於領先群的選手們，具有想保持領先群地位與想要脫離該群獲勝的二種矛盾心理傾向。這些屬於

領先群的選手們，爲了求勝，在漫長的距離中會使用各種各樣的策略（手段）。曾獲得第十一屆柏林奧運會五千公尺與一萬公尺

圖 11 中、長距離賽跑虛虛實實的策略

第四名並且現任長跑教練的村社講平說，著名的長跑選手參加比賽時，當其他選手追近時會注意調整呼吸與步調，以免對方察知本身的疲勞狀態。由此可知想要成爲一流的長跑選手，不僅平時須從事有計劃的苦練，比賽時還得要花費心機才能獲勝。

長跑選手可分爲兩類，一是耐力型，二是速度型。後者只要自始至終跟著領先群，俟跑至最後一圈或半圈時利用天賦的速度超過其他選手即可獲勝。但是非速度型者，必須在最後若干圈就開始逐漸加快速度，拉遠領先距離，以備其他選手在最後一圈超越領先。不過具有速度的選手，當發現有人想要逐漸拉長領先距離，想要脫離領先群時，會立即以各種合理的方法妨礙增加速度。尤其是如有數人速度較高的長跑選手發現某人有領先企圖時，會成爲一團做妨礙行爲。所以想成爲一位優秀的長跑選手，除了平時多訓練耐力以外，應多下點功夫提高速度才是致勝之道。我國長跑名將張金全在後期時被新秀黃文成打敗的主要原因就是前者的速度不及後

者的快，以致在最後一圈時常被黃文成追過而落敗。除非實力相差甚多，搶在領先群中前頭者並不利。理由是處於領先眾人時，無法觀察其他選手，尤其主要競爭對手的跑法或身體的情況。站在某一立場來說是脫離領先群而成孤立狀態。並且內心裡必須不斷的掛念著「在後面緊追的那些人的身體情況不知如何？」或是「追到什麼程度了？」換言之必須隨時提心吊膽，消耗神經。因此跟隨領先者不遠的地位跑的選手在心理上最爲輕鬆有利。

跟隨領先者時最好自行決定凝視點，不斷的注視該點而跑。如此可以與領先者成一體而跑。質言之，聰明的長跑選手會很快的造成與領先者成一體的賽跑體制前跑。此時比起單獨跑時更能維持快速長跑的時間。當跟隨者製造這種體制時對跟隨者會有利，所以領先者發現有此現象時，應立即改變步速，將領先地位故意讓給跟隨着，或突然加快速度等以防止跟隨者製造上述體制。假如想要領先時，應趁機領先一大段距離，以免對方再度超前。不過如果想要採用這種方法時必須具有相當的速度與耐力才行。僅領先一點距離時反而使對方有利。

㈥終點衝刺

如果兩人的實力差不多時，長距離賽跑的勝負，可說決定在於終點衝刺。原則上速度較差的，開始終點衝刺的時間要早些，以便將其他選手拋在後面。但是如果衝刺的時間過早，可能無法以快速度跑至終點，相反的如果開始衝刺的時間過慢卽無濟於事。當卽將跑完五千公尺或一萬公尺時，身心

已疲勞不堪，在這個情況下，需要使出最後餘力以求勝，因此選手本身的心理性條件會發生很大的影響。

假設在距離終點不遠的地方，不能適時開始終點衝刺，卽會被人拋在後面，不得不步入後塵。此時如果認爲已無希望趕上，失去鬥志時，可能其跑速會突然減慢，甚至跑不動。當失去上名機會，而在賽後檢討失敗時，很多人會發現上名者的記錄並不比自己的記錄好的事實。但是事實上却敗給別人。這是因爲雖具有實力，但是因心理不健全而無法發揮全力的緣故。由此可知伺機積極打破自己與其他選手造成的相互作用的關係，以便打破均勢（脫韁而出）才是成功的秘訣。在終點衝刺時，只要找對適當時機，必能破壞上述均衡體制，創造新的事態。如果能成功的創造新的事態，可以發揮想不到的力量以克敵致勝。如果無法製造新的事態，可能打不破與對方的體制而喫敗戰。

三、馬拉松賽跑的心理（附圖12，馬拉松賽跑的心理）

馬拉松跑是屬於超長距離賽跑，需以相當速度繼續跑二個多小時的劇烈運動。據調查一流的馬拉松選手參加一次比賽後其體重會減輕二至三公斤，所消耗的熱能高達二千餘卡。可知馬拉松跑的劇烈程度是如何。

決定馬拉松賽跑成績的主要因素是堅強的耐力與鋼鐵般的意志。也許一般人認爲馬拉松賽跑是一種超長距離的賽跑，只要具有耐力就可以勝任，其實並不然。要以秒速 5 M 的速度跑完

四十二公里多的距
離並非輕而易舉的
事情，是需要動員
整個身心機能才行
。但是不少的人在
平時練習，只注重
生理機能而勿視心
理面的鍛鍊。實際

圖12　馬拉松賽跑的心理

上心理機能對於超長距離的馬拉松賽跑有極大影響。

㈠徑賽跑道與公路

　　首先以跑速的知覺機能做一實例，說明心理機能的重要性
。對中、長距離跑的選手來說，比較容易記住徑賽跑道上每
圈的合理跑速，但是在公路上賽跑時却不容易。在跑道賽跑
時，雖然會受觀眾的多寡，參加比賽選手人數的多少而條件
不同，但是因為跑道的一週長度是一定而物質環境也是一樣
。所以較易控制個人的跑速。但是跑公路時，環境會隨時變
化，路況也不同。

　　人對速度的知覺，可說是與周圍環境站在相對的立場上進
行的，所以跑公路時，知覺跑速的線索（環境）會不斷的發
生變化。一般來說，在多變化的環境中賽跑時，會自覺速度
較快，在變化較少的環境中賽跑時會感覺跑的較慢。另外，
光線的明暗也會影響對速度的知覺度。在黑暗中奔跑者會感
覺速度加快。相信有許多徑賽選手，利用傍晚練習速度時，
會體會比大白天時速度要快的事實。

這種事實不僅會發生在本身的速度上，也會發生在觀看別人的快跑，物體的移動上。設使別人的速度或某種物體的移動的客觀速度相等時，如果其背景不均等時，比等質時顯得速度要快，明亮場面比黑暗場面顯得慢些。因此同一選手以相同速度在大晴天跑與陰暗天跑的速度感覺是不同的。

馬拉松賽跑是屬於公路賽跑，為求合理的速度分配必須常加以練習。由於距離長、環境的變化大，難以短時間體會合理的速度分配。為此必須先打破知覺的性質才行。

吾人均會體驗到熟悉的路程較近而不曾走過的路較遠的事實。當前赴未經去過的生疏地區拜訪親友時會感覺路途遙遠，但是經過若干次訪問後，會發現路途並不十分遠。馬拉松賽跑也是一樣。常常跑馬拉松跑時，不會感覺到馬拉松跑是超長距離的比賽。

㈡應具有跑完全程的自信（附圖13　跑完全距離（目標）的自信）

馬拉松選手應具備一種能跑完全程的信心。也可以說這種信心是發揮該運動員最大力量的原動力。當一個人的心理產生一種「

圖13　跑完全距離（目標）的自信

不知道能不能以這種速度跑完全程？」時，為了維護身體的安全，會潛意識的降低活動能力。這是受保衛身體避免傷害

或患疾病的大腦機能作用的緣故。不過這種作用太過強烈時，人就無法發揮最大實力參加比賽。這種受心理作用所控制的能力極限稱謂「心理性極限」。有不少的選手會創造更優異的成績，這是因為有了具體目標而為了達到該目標；各人會努力練習，以致引起技術本身的改變。不過這些運動技術的改變似乎與「自信水準」（自認為自己也可以創造那些記錄）不無關係。

日本的有名馬拉松選手寺澤曾在參加別府馬拉松賽跑（每年2月在日本九州大分縣別府市舉行之日本著名的每日新聞主辦之馬拉松賽跑）前決然的對記者說「相信此次比賽可以達成村社教練（曾獲第十一屆柏林奧運會五千、一萬公尺第四名）所指示的二小時十一分跑完全程的指示」。在該次比賽創造優異成績，打破了連獲兩屆奧運會馬拉松冠軍的衣索匹亞畢幾拉阿貝貝選手的驚人記錄。由此可知這種能以相當速度跑完全距離的自信心，對馬拉松選手來說極為重要。真正具有信心者，所跑的距離並非在身外而在心內。當整個跑程在「身外」時，會顯得終點非常遙遠，心理負擔極重，但是在「心內」時，因能把握住全程距離的跑法，所以已知在何處以何種速度跑？速度分配如何？因此在心理上不會有負擔。

換言之，並非被目標牽著跑而在腦筋裡有全盤的跑程，並且事先有詳細的跑法藍圖，所以跑起來格外的輕鬆自如。

對自我體力的自信加上對距離的自信，才能樹立對馬拉松距離的自信。如能達到上述境界，就可以一方面意識別的事

情而一方面跑，也可以減少耐苦的努力提高馬拉松跑的效果。具有非驕傲性的「自信」心不僅對馬拉松，對任何運動比賽均極爲重要。

有人說馬拉松選手參加比賽時不僅要跟同時參加比賽的選手比賽，還得跟天候與自己比賽。其比賽的過程是孤獨的、是痛苦的，在比賽過程中有不少選手中在腦海裡會浮出許多幻想或想像，在肉體上會體驗相當的痛苦。因此除非平時接受嚴格訓練，否則無法以相當優異的成績跑完全程。

四、跨欄賽跑的心理（附圖14 跨欄賽跑的心理）

跨欄比賽包括短、中、長距離等許多種項目。不論何種項目，速度、耐力、跨欄技術、果斷、堅毅不屈，貫徹始終的身心能力爲決定勝負的重要條件。

圖14 跨欄賽跑的心理

（一）跨欄賽跑的起跑

愈是短距離跨欄跑，起跑的重要性愈大。不過在跨欄比賽裡還有更重要的跨欄技術與欄間跑。所以起跑的重要性不如單純的短距離賽跑（一百公尺、二百公尺）重要。設使起跑

迅速領先其他選手，但是如果跨欄技術不精，不愼撞倒欄架或欄間跑法不佳時，就無法創造優異的成績。

跨欄跑與其他徑賽項目的起跑所不同的是，起跑後必須調配步數以求配合步法，同時起跨時不降低速度。因此跨欄選手參加比賽時多少會發生一種「不知能否做順利的起跑？尤其是腳步會不會配合恰當？」的不安心理。一般來說，耽心腳步是否能配合的較多。

起跑後調整步數與步幅，使起跨足能在正確地點起跨是件相當困難的事情。人的身心情況常會變化，因此無法隨時保持一定的步幅。何況起跑線至第一欄的距離是一定的，無法任意移動起跑點以便調整步幅，屬於短距離的跨欄跑，因需要快速的起跑衝刺，因此所需技術程度相當高。

通常許多選手會在起跑前預測步數、步幅而起跑後根據該預測而調整步幅。這種調節雖然在潛在意識下進行，但是多半會影響起跑的速度。

人的「預測」或「估計」對運動技術會有很大的影響。當一個人想要舉上某物體時，事先會估計該物體的重量，並且發生適合該物體重量的力量。同樣的跨欄選手經過多次的練習以後會根據預測調節步幅起跑。如想成爲優秀的跨欄選手，必須具備正確預測的能力與不降低速度起跑或快跑的能力才行。

假如起跑時伴隨著上述意識時，無法期望迅速有效的起跑，當一個人同時意識二種事情或動作時，單純的反應動作會減慢。因此須反覆練習起跑至第一欄的正確步法，然後集中

注意起跑的動作或技術才好。

以這種立場來說，跨欄選手在練習時應在跑道上擺好欄架做反覆性起跑練習。其第一目的須放在以正確的位置起跨，如此才可以做合理有效的跨欄；甚至導致第二欄以後可以很順利的欄間跑與連續跨欄。由此可知想要成為一流的跨欄選手必須下功夫研究創造獨特的起跑技術。

(二)跨欄與欄間跑

迅速的起跑與正確的步數是跨欄賽跑的首要條件。但是欄間跑也是創造優異成績不可缺少的重要技術。跨欄並非單獨存在的運動技術，它是與欄間跑成套的一連串運動技術。因此當短跑速度增加或跨欄技術進步時，也應該改變欄間跑的方法。由此可知，跨欄與欄間跑是一種互為融合的綜合技術。在運動的時間上也是成為一種一連串的韻律。跨欄選手會隨著技術的進步，跑速的加快而能明確的認識這些韻律。當某一跨欄選手練習至上述程度時，其記錄差不多會固定在某一水準。如想打破這個水準，必須破壞既成的韻律，創造新的韻律才行。有時候因與強敵競爭受強敵的影響而會改變韻律，結果可以創造比以前更佳更快的韻律。

(三)跨欄跑的韻律

任何一種運動均包含強弱兩部份，也包含一定的韻律在內。其中韻律感最明顯的是跨欄跑。在練習或比賽時如能注意這些韻律，必能創造優異的成績。

跨欄跑是跨欄與欄間跑相結合的連續性快速運動。如果欄間跑的步數決定時，該欄間跑與跨欄會形成一段連續性運動

。換言之，跨欄是許多段欄間跑與跨欄的連結運動，以一百十公尺高欄或一百公尺低欄為例，跨過第一架欄以後立即以塔！塔！塔！盪一！（跑！跑！跑！跨一）的韻律以最快速度與巧妙的技術跨欄前進。其整個運動的韻律極為明顯，因此容易使選手產生韻律性意識。但是像短、中、長距離跑等，跑的每一步是一個段落的運動，很難產生韻律性意識。為此許多長跑選手等常會利用配合呼吸動作，保持一定韻律的長跑運動。

近年來站在生理學的立場進行呼吸問題的研究。在此姑且不談呼吸的生理機能，只站在心理方面來說，呼吸對動作的韻律化有不少的貢獻。今後在這一面似有做進一步的研究的必要。

跨欄跑運動本身是由若干欄間跑與跨欄動作所組成的，因此較容易體會韻律性意識，尤其在欄間跑時必須用力推蹬地面，起跨時起跨足蹬地力量更大，因此更容易體會整個運動的韻律性。進一步要注意的是，強音之前或後會感覺時間間隔較大。實際上比較跨欄動作與欄間跑動作時會發現前者比後者的時間要長。所以更易體會韻律感。

韻律是一種主觀性的事實。以某限度內的速度發生連續性刺激時會引起規則性的反覆運動，此時這些刺激會形成群化而形成一定的韻律。

㈣韻律的心理性練習（附圖 15　跨欄的心智練習）

眾人皆知，人們從事富有節奏或韻律性運動或操作時，所消耗的熱能會減少，也不易發生疲勞。最好的例子是軍隊士

兵的全副武裝的行軍。如配合樂隊的前導，這些行軍的士兵不易感覺疲勞而可從事長距離的行軍。

跨欄賽跑時，為了做合理的跨

圖 15　跨欄的心智練習

欄，任何一位跨欄選手都會無意識的調整步幅。為此多少會影響跑速。當然跨欄技術的好壞會直接影響速度，但是不可否認的事實是，步幅的調整也會影響整個跨欄跑的速度。

因此在練習初期時，根據自己的跑法及早固定跑法的韻律意識時，當發現必須改變跑速韻律而想打破該韻律性意識時，會發現相當困難。反而應採用在腦海裡描繪較快的韻律，努力以實際動作求其實現才好。

為此不僅在實際練習時去想跨欄的韻律，在休息或其他閒暇時間內也應多想像較快韻律的跨欄跑。這種心理性練習對實際技術的進步極有幫助（經過綿密的實驗已知心智練習雖無實際練習的效果高，但是仍不可忽視其學習效果的價值）。

不過切勿誤會心智練習比實際跨欄間跑，速度等練習重要。筆者只不過主張除了日常的計劃性實際練習以外，應加上心智練習而已。一百公尺低欄，百十公尺高欄等賽跑，如在賽跑過程中踢倒一架欄架時不僅會發生速度降低現象，整個欄間跑的韻律也會遭受破壞，跑出來的成績必定是不理想的

。四百公尺中欄或三千公尺障碍跑的欄間跑的距離比較長，雖然在原理上與較短距離的跨欄跑相同，但是可以另外研究練習的方法。

五、接力賽跑的心理（附圖 16　接力賽跑的心理）

㈠個別跑與接力賽
　　跑成績的差異

圖 16　接力賽跑的心理

　　接力賽是田徑賽裡唯一的團體性競賽項目，是一項極富競爭性、刺激性的競賽。根據研究分析接力賽的成績比各接力選手個別跑成績總和為優的理由有二：一是可免除第二、三、四棒起跑所損失的時間。二是兩人傳接棒時可免跑傳接棒者間的距離（註十七）。除此之外，每一跑員的團體責任感會使選手發揮水準以上的速度，創造優異的成績。

　　接力賽的距離愈短，前兩個理由愈能構成創造優異成績的條件，但是每個接力隊員所跑的距離愈長，上述兩個理由所影響的程度愈小，反而第三個理由的責任感與團體的榮譽心會成為創造優異成績的原動力。

　　我們可以發現參加四百公尺賽跑的運動員，自始至終以適

合個人的最高速度跑到底。但是跑到終點附近時的姿態與表
情，多呈緊張與僵硬，苦不堪言，似乎拖著腿在跑的樣子。
但是這些運動員參加一千六百公尺接力賽時，會發現比四百
公尺單獨跑時容易跑，並且跑的成績要更好。由這種現象可
知，團體的力量遠比個人的力量要大得多。因團體接力時應
多考慮影響接力跑成績的各種因素，然後從事合理有效的練
習才能期望成績的進步。

㈡接力的跑法

　所謂接力的跑法是指以多少速度，跑完接力賽全程的意思
。運動員雖不會特別注意控制跑速，但是在全速跑中會下意
識的控制自己的速度，這種速度控制的方法是透過平常的練
習所培養出來的。

　雖同屬一人，但是該人跑一百公尺、二百公尺、四百公尺
時，其跑姿或跑法不相同。但是單獨跑一百公尺或四百公尺
時與全力跑接力時，個人對跑速的控制法，（也可說是跑法
）是不同的。也許這就是接力跑個別跑成績較優的原因之一。

　每位徑賽選手的跑法（跑姿）大致已固定，所以很難打破
原來的跑法。但是當有人破記錄時，立即會有不少人跟著破
記錄，換一句話說，如有人打破某種極限時，其他選手也會
受其刺激，奮起努力打破原有的記錄，提高成績水準。假如
發現某些選手已達相當水準而無法求進步時，可以令其觀察
更優秀選手的跑姿或跑法，以做刺激求其改變跑法，提高記
錄。

㈢接力賽跑的團體合作（附圖17　接力賽跑的全隊合作）

在田徑賽裡唯一團體項目的接力賽跑，在性質上與籃球或排球等團體項目不同。構成接力跑的每一個人的實力，對整個接力跑的成績的影響極大。換一句話說，在接力賽跑裡不需視對隊的動作求本隊的合作。是與複數的本隊針對複數的對隊的動作做瞬間適應性變化的球類比賽不同。接力賽跑時接力隊員的合作是屬於不同時間的兩人合作性運動。因此，只要傳接棒時機不同時，

圖17　接力的全隊合作

絕不會受其他各隊的干擾。尤其在分道上比賽的四百公尺接力賽跑，祇要第一棒與第二棒，第二棒與第三棒，第三棒與第四棒能在接力區域內以最高速度傳接棒即可達到合作的目的。

以上述情形來說，接力跑的團體合作比其他球類運動單純。其實這種看法是站在形式上所說的，實際上，四人一組的接力賽跑與一百公尺、四百公尺等單項賽跑具有迥然不同的性質。

在接力賽跑裡，個人的跑法會發生變化，成四人集團能發揮與個人不同的集團力量。集團的力量有時可以發揮個人所無法發出的能力。但是如果構成集團的份子不均，可能連個人所能發揮的能力都無法發出。

接力選手的團體合作，只能以氣氛體會出來。換言之，可說是四人成一體的狀態。四個人在共同目標下各擔任不同角色與責任，爲達成個人與團體的目標，各人成爲手足而發揮集體的狀態。因此構成手足的每一個隊員的動作不能協調一致時，不僅不能發揮團體力量，連個人平時的力量也發揮不出來。所以如果想要訓練優異的接力隊，必須早決定接力隊員，平時多加共同練習，以培養密切的人際關係才行。

㈣認知傳接棒者的跑速

不可諱言的在接力跑中，具體的合作行爲是發生在接力區域內的傳接棒時。在同一接力隊員中，有的擅長直線快跑，有的優於起跑並跑彎道，也有人強於最後衝刺，各接力隊應在賽前研究競爭對象的實力，擬定「追趕超越」或「搶先抵達」等策略來決定傳接棒順序，比賽時最重要的是莫過於在接力區域內以最高速度傳接棒。換一句話說，傳接棒的兩個人必須能在規定接力區域內，以極快速度做正確迅速的傳接棒動作。爲此接棒者（自第二棒至第四棒）應具備能正確認知傳棒者的跑速，然後配合傳棒者的速度開始前跑。

人在賽跑時，如從側面加以觀察時，容易判斷其速度的快慢，但是在接力跑時，傳棒者係由正後面迅速接近，所以極難判斷傳棒者的跑速，尤其參加比賽時，選手們的心理正處於緊張興奮中，更難由正前中判斷傳棒者的速度。因此，只好以傳棒者的跑法，疲勞狀態（表情、手足動作）等間接的方式判斷傳棒者的速度。

有許多接力選手，並不考慮傳棒者的跑速，不管發生任何

情況，均由預先決定的起跑記號開始起跑。因此，有時會發生傳棒者追不上接棒者而超出接力區域或掉棒的違規行爲。爲了避免發生上述現象，在平時應多加練習，使接力隊員能正確判斷傳棒者的速度才好，最好的方法是常採全距離的完全接力跑練習法（例如四百公尺接力）。

六、跳部比賽的心理（附圖18　跳部比賽的心理）

㈠跳部運動項目的
　技術是被限在某
　一範圍（欄柵）
　內的技術：

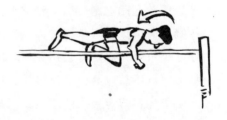

圖18　跳部比賽的心理

　　跳高、跳遠、
三級跳遠等跳部
項目是比賽跳躍
能力的運動。一
般人會認爲只要具備強有力的彈性就可以創下優異的成績。實際上，這些跳部項目是受嚴格限制的項目。所以強有力的彈性不一定能立即創下優異的跳躍成績。

　　以跳遠爲例，參加比賽時必須自規定起跳板起跳。如不小心，只要踏出起跳板即犯規而被取消資格，如果踏不到跳板，自起跳板較遠的地點起跳時，仍然測量至起跳板前緣的規定距離。不僅如此，在前三次試跳中？如跳不出好的成績，列入前八名時，就會失去後三次試跳的機會。由此可知，跳

遠或三級跳遠所必須的技術是，在前三次試跳中能跳出接近個人最高紀錄或能通夠進入決賽的技術。這些事情雖爲衆人所知的事情，但是對於參加比賽的選手來說，具有極大的心理意義。假如參加跳遠比賽的結果前三次的試跳均屬違規試跳時，可知該選手並未學會或練好跳遠的技術，與參加徑賽選手在起跑時犯規兩次，而被取消資格的意思是完全一樣的。

起跑是由靜止狀態起動身體向前快跑，但是跳遠的起跳是產生在連續運動過程中的某一利那間的動作，因此，在動作技術構造上，其性質不相同。跳遠的試跳，並非在起跑時才調整動作，而是由起跑、助跑即開始有效地控制動作（這些動作包括：步幅、速度全身協調等）。此時，會受助跑道、天候等物理性條件的影響，也會受過去經驗、長官、師長、親友、圍繞在場地外面的觀衆，參加比賽的其他選手的影響。因此，助跑的步幅或控制動作所需時間的判斷會受到影響。這種現象，尤其在年輕缺乏經驗的選手容易發生。對跳高、三級跳遠、撐竿跳高，甚至各項投擲項目來說，都是一樣的。

㈡跳部比賽是屬於間接的競技：

跳部或擲部比賽與徑賽最不同的地方是，前者屬於間接比賽而後者係直接比賽。徑賽選手參加比賽時，必須同時起跑，然後競爭速度，以跑速的快慢決定勝負。但是田賽却並不然，是依照抽籤順序一個個的試跳或試擲三至六次，以個人所跳出或擲出的成績決定勝負的。比賽時雖然有許多選手在

同一場所，但是競爭的却是每個人的試跳或試擲的成績。在這種情況下，與各選手的紀錄或自己在前次所跳的紀錄都會影響下次試跳的成績。如果與賽選手中比自己的紀錄超出或落伍甚多者，也許不太會影響自己的下次試跳，但是自己所跳出來的優異成績，可以獲得滿足感或成功感，同時也可以做爲決定下次試跳成績的目標。相反的，如果試跳的結果，成績不佳時，也會發生强烈的心理影響，這種影響包括積極檢討與消極不安兩種。

通常參加比賽的第一次試跳成績，會使選手產生自我診斷的作用，以此試跳判斷今天的身心情況是好或差。但是還有一種刺激比個人第一次試跳的刺激强烈。這個刺激是來自比賽對象的優異紀錄。勢均力敵或比自己稍優的對象的每一次試跳成績會變化。往往因其每一試跳的成績而會產生一憂一喜的心理感受。有經驗的選手，常會設法忽視對象的成績而集中精神跳好每次試跳，以求創造優異紀錄。這是因爲競爭對象的成績，確會影響自己的紀錄的緣故。

跳部選手參加比賽時，競爭對象是對象選手與該選手所創造的紀錄。雖然是一體，但是對選手本身來說，會構成二種刺激，往往，對方的動作、態度、言語或表情均爲發生很大的刺激作用。

㈡跳躍紀錄與下一跳的目標：

跳部比賽並非只以一次的紀錄決定勝負。如屬遠度比賽者至少有三至六次試跳的機會，只要在這三至六次試跳中創造最高紀錄，就可以。不過正如前述，選手在參加比賽時，雖

然全力做每次試跳，但是後一次試跳會受前一次試跳的身心情況或紀錄的影響。如果第一次試跳的紀錄達到預期的目標或接近目標時會產生成功感或滿足感，並且加強自信心。爲此內心會產生餘力，也會提高下次試跳的目標。

因試跳成功，創造優異成績而心理產生餘力是件重要的事情，此時的動作不會過度緊張，也可以透視技術的全體構造。爲此可以一方面動作，一方面控制或調節正確的動作。惟有具備這種心理狀態，才能在助跑中自覺助跑時的步幅、速度、並且加以調整以做正確的起跳動作。這種微細調整，通常在下意識內實施，也可以說是成爲習慣化的動作。因此不太會有自覺現象，如想增加上述能力，做正確的調整，必須具備心理餘力才行。

相反的，第一次試跳結果比預期的記錄差時，會產生不滿、不安、焦急等心理，結果在下次試跳時會降低目標。不過並不是任何選手都會降低目標。

根據實驗結果，所跳出來的成績雖然不理想，但是有些運動員却會把下次試跳目標提高。這是「不認輸」的精神表現。在這種心理狀態下，選手會激起鬥志，以強有力的慾念向下一次試跳挑戰，所以對下一次的試跳極有利。

參加比賽時應有旺盛的鬥志，強力的慾念，但是田徑運動裡的跳躍比賽是屬於限於欄柵內的技術，所以如果失去心理餘力，過份的緊張努力時，反而會不利於每一試跳。這些過份緊張或努力，會影響精細的調整機能，使選手本身無法做正確、迅速的助跑與起跳動作。

　　因失敗而產生的焦急，不安的心理，會使動作發生誤差，故平時應多實施心理訓練才好。通常這種心理訓練是透過平時的比賽加以培養的。假如曾在艱苦的比賽裡克服困難，創造優異成績而獲勝時，往往會樹立堅強的信心，恢復心理餘力，這種自信往往會以「在三至六次試跳中，必能創出優於對手的記錄或更佳成績」的事實給予證明。此時如在一、二次試跳失敗時，也會也其餘試跳中，跳出優異記錄。換一句話說，雖然集中全力從事每次試跳，但是絕非將每次試跳加以分離，而是以三至六次試跳做為一個單元加以把握，在整個試跳單元中嚐試每次試跳。如能做到這個程度，就不會受到每次試跳成績的心理影響。所謂老選手或比賽經驗豐富的選手，大半具有這種認知條件，所以每次參加比賽時不易發生失常的現象。這種認知的方法，並非僅透過比賽才能獲得，可在練習時，參入比賽條件，使運動員做有意的努力，如此可以培養運動員的心理餘力。

㈣跳部比賽時參加競爭的選手，其心理都會動搖：（附圖 19
追與被追的心理）

　　在跳部比賽時，前一次的試跳紀錄會影響下一次試跳的紀錄，「此，必須把握住三至六次試跳中的每次試跳。

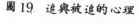

圖 19　追與被追的心理

在跳部比賽中不僅自我的前次試跳記錄會影響下次試跳的成績，參加比賽的其他選手的紀錄也會影響自己的成績，如果其他選手跳出的成績比想像要好時，會產生一種焦急不安的心情。爲此往往會過度緊張，破壞身心情況，使下一次試跳犯規，或跳不出預期的成績。不過這種影響並非僅及自己，同時自己的紀錄也會影響對方。換一句話說，參加比賽時成爲競爭對方的成績會互相影響下次試跳成績。因此老練的選手會根據自己的企圖改變記錄，引起對方發生心理動搖或陷入不安。這就是跳部比賽的心理戰術。

與勢均力敵的對手比賽時，這種心理戰術極有效。參加比賽時，不僅需要全力跳好每次試跳，努力創造個人最高紀錄，而且要採用心理戰術使對方產生心理動搖，才是上策。

當在跳遠或三級跳遠比賽時，競爭對象的某選手在第一次試跳時，跳出優異的紀錄時更會使其他選手心慌意亂。在比賽剛開始時的試跳結果，確會產生兩種效果，一是動搖對方的信心，引起緊張不安，二是使對方產生自信心，發揮心理餘力創造優異成績。曾獲得第九屆奧林匹克運動會三級跳遠冠軍的日本織田幹雄說，在第一次試跳時先跳出接近競爭對象的良好記錄，以此動搖對方。此時本身也會產生在六次試跳中，必能超過對方最高紀錄的自信，結果獲得成功。

一般選手會在對方跳出相當優異成績之後，想要打敗他而努力。此時，反而會過份緊張以致犯規或跳不出預期成績出來。換一句話說，此時心理緊張，無法做微妙的調整，過份意識自我的動作，使動作僵硬呆板，無法圓滑順利。當陷入

這種狀態時，對方會更加強自信心，以充分的心理餘力做下一次試跳。反之，本身愈會慌張失措，失去自信心而愈跳不出成績出來，由此可知兩者的心理狀態的好壞，影響成績之大。

假如想在試跳時，超越強敵紀錄而獲得成功時，在第一次試跳跳出優異成績的對方，不一定會發生心理動搖。這是經試跳所樹立的自信心不易受他人成績影響的緣故。也許反而激起鬥志，在下次試跳時，會跳出更好的成績也說不定。這種情形愈是富有經驗的選手愈容易發生。

以識田幹雄的故事爲例，在第一次試跳時跳出接近對方最高紀錄時，不論如何老練的選手，會發現與自己差不多，甚至曾跳出更優異成績的對方，也許眞得會趕過自己的最高紀錄。所以內心裡會發生動搖而想努力延長試跳成績，這種心裡的動搖往往會引起嚴重的後果。

第一次試跳時，跳出接近對方的最高紀錄是保持或確立「追」與「被追」的關係。一般來說被「追」者的心理壓力比「被追」者爲大。當跳躍選手所負的心理壓力過重時，因心理壓力而無法充分發揮原來的實力，跳出優異的成績出來。勝負必須有對象，因此參加比賽時不祇考慮自我的情況，也應嚐試動搖對方心理的戰術才好。

㈤打破技術的難關（註十八）

不論練習那一種運動項目，如果達到某種技術程度，創造相當成績時，其成績不易再進步。像跳高或撐竿跳高等需要複雜技術的運動項目，往往具有實際紀錄以上的實力，但是

當橫竿遞升至一定高度以上時，會發生跳不過的現象。這種情形，正如該紀錄成為難破的鐵關，而無法打破似的。

這是因為個人的技術在任何階段時成為一整體的體制，無法打破該體制所致的。何況這種技術體制仍包含了部份的錯誤動作或不合理的技術在內。因此，無法創造更佳的紀錄。以跳高技術為例，跳高是由助跑、起跳、過竿、着地等一連串的運動所構成。自助跑開始必須依一定的速度與韻律循著助跑方向前跑，然後經起跳、過竿、着地的過程，從事一連串的下肢上肢軀體等動作，才能順利完成試程。這些動作並非同時作用而是順着一定順序完成。

當一個跳高選手練習相當時間的起跳、過竿、着地等動作後，逐漸會形成固有的跳高姿勢。這種跳高姿勢一旦固定以後，極難加以修正改進。吾人可以發現練習多年的跳高選手，一旦被著名教練指出姿勢上的缺點而想加以改正時，須花費很長的時間與努力才能成功的事實。日本男子跳高紀錄（二公尺二十），是富澤英彥在1970年5月參加全日本田徑錦標賽時所創，雖然自覺身心情況並非十分良好，但是終於跳過了二公尺二十大關，擠進了世界上第一流的跳高選手行列內。事後富澤選手曾告知朋友說，自己也不曉得會在那一天創造全國紀錄。也許虛心聽從大西教練的指示，在起跳前將身體重心往前挺（腰部前挺），以致發揮起跳腳前支撐之效，獲得充分上升的力量，加上心理負擔不重（該次試跳屬第三次，並且在前一次高度已成功的躍過二公尺十五，已無心理負擔），所以得以試跳成功。由此可知選手們想要打破技術或紀錄

的難關時，必需具備某種條件與機會才行。

　　任何一位選手當進步至相當程度時，都會遭遇到技術或紀錄停滯不進的問題，此時都會設法打破這個障礙。成為選手進步的難關，因人而其程度有異。也許對某選手來說一公尺九十是他的難關，但是對另一選手來說，也許二公尺是他的難關。或為連續動作的運動技術，設使其部份動作有缺陷，但是以觀察整個連續動作時極難加以發現。因此，如想打破紀錄，首先應設法發現動作的缺點。不過發現動作中有缺點時，如何在一連串動作中加以矯正是個難題，最好的方法是找出缺點部份加以反覆練習，但是實際上難做單獨性矯正練習。此時應以此缺點性動作做為中心，從事有關連的矯正練習才行。

　　矯正練習的方法很多，其中之一是先取出錯誤動作並加以反覆練習若干次，其目的在以身體會錯誤在何處？然後再行練習正確的動作，以便將正確動作納入一連串的動作中。

　　上面所說的方法是站在技術方面的立場，也就是說技術的全體性或形態性所採用的打破難關，創新紀錄的方法。不過除此以外，以另一種觀點從事練習，加強較弱的肌力或暫時停止該項目的技術練習等也應加以考慮才好。

　　另外不能忽視的是打破心理難關。一個選手如果長時間無法打破某一紀錄時，心理會產生一種牢不可破的絕望或無能為力的想法。這種心理可說是一種對某一高度的恐懼心，當橫竿昇至該高度時，未試跳前就會發生「沒有辦法跳過」、「一定會失敗」等想法。

對於未戰先敗的心理，應如何加以補救或矯正？這是個很重要的問題。具有權威性的教練可利用暗示或指示的方法改正它，例如在平時練習時，故意說出比實際高度低的紀錄，使選手相信自己確能躍過該高度。不過這種方法對於比賽經驗豐富的選手不太靈驗。為此有時可以使用長橫竿的跳高練習。此時，因橫竿長而在心理上會感覺比實際高度低。有時也應故意縮短跳高柱，使得橫竿高度顯得高，以鍛鍊克服心理，物理障礙的能力。除此之外，可採用觀看影片、錄影片、或心理練習，催眠暗示等方法，以打破心理難關或障礙。

(六)應用催眠暗示法（註十九）（附圖 20　催眠暗示）

圖20　催眠暗示

根據日本體育大學教授長田一臣的研究，催眠確可以使運動選手打破技術或心理的難關。長田教授曾以代表日本參加第十九屆墨西哥女子體操選手為對象，實施催眠獲得成功。

又有故東京大學教授豬飼道夫等所做的實驗，證明催眠、吶喊、電利戟等，可以產生平時所能發出最大肌力以上的肌力。

不過在徑賽裡有許多項目，必須從事長時間的努力或比賽，所以無法輕易應用上述原理，日本筑波大學體育專門部群

長松田岩男教授等，曾在 1964 年 7 月全日本田徑錦標賽兼
參加第 18 屆東京奧運田徑代表隊選拔賽之後，趁集中訓練
時，以參加集訓選手為對象，實施催眠暗示法，只提高精神
的集中力。由於屬於第一次嘗試，雖然無法以其結果下肯定
結論；但是倒是獲得若干解決問題的線索。

　　首先將集訓選手分為每一組三、四人的若干小組。然後採
用小組相談法以商談如何調整身心情況或解決技術問題等，
以此做動機、誘導選手成催眠狀態，俟其想像力發揮至最高
時，實施心智練習（ Mental Practice ），例如會跳高或跳
遠的選手，在腦中回憶練習助跑、起跳、空中姿勢（過竿）
、着地等。有些選手會掛念從前受過傷的腳，因此雖然採用
心智練習法，但是練習起跳時，其動作還是會中斷。不過經
過若干反覆練習後，逐漸的會淡忘以前的傷害，已能繼續整
個動作的心智練習。由於採用這種方法，終於將內心的恐懼
感加以消除掉。

　　對於技術停滯不前的選手，也可以採用上述方法，可利用
豐富的想像力，先在腦中練習整個試跳動作，以除恐懼心，
也可以用此方法矯正缺點，樹立自信心。

㈦意像性練習的效果

　　像跳高運動，作一定順序以大致固定化的動作比賽高低的
運動項目，選手們在參加比賽時，多會求集中精神，不太去
想跳躍動作而加以試跳。對於這一點，蘇聯的運動科學家，
曾做了下述有趣的實驗。這個實驗是不考慮跳躍動作的練習
，在試跳以前先在腦海中想一下整個試跳後再做實際試跳的

比較性實驗，結
果由上圖可知，
（附圖21　普通練習
與意像練習的比較）
試跳前先在腦海
中回想整個試跳
者，其練習成果
較優。

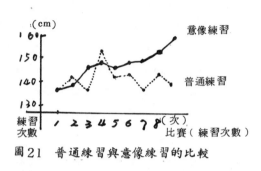

圖21　普通練習與意像練習的比較

　　又有一種實驗結果證明，能用語言說出試做動作或運動時
，比不說而練習該動作的效率爲高的事實。筆者在師專教學
多年，曾任教許多就讀夜間部的在職小學教師。由於夜間部
學生的平均年齡較大，身體機能不如日間部學生，尤其對於
運動技術的學習來說，不如日間部學生進步的快。自數年前
教學徒手體操時採用以簡易動作的名稱代替體操口令的方法
。結果比起單純的口令法或透過視覺不用口令的模仿法來得
有效多，其學習速度相當快。由此可知，人類的第二信號機
能對於運動技術的學習有密切關係。對於這一點身爲教練者
應好好利用才好。

　　以言語說出動作，甚至動作細節是件相當困難的事情，但
是如能說出正確的動作，確可幫助對該動作的正確認識，並
且以此爲線索，練會正確的動作。這種動作的言語化對跳高
或撐竿跳高等需要高度複雜技術的練習或想要打破心理極限
的極爲有效。不妨多加應用。

㈧集中精神與噪音

　　吾人可常發現參加大規模比賽的跳部選手，當他在試跳之前，會凝聚精神，集中注意力的印象性行為。任何一個人需發揮最高能力完成某一工作之前，均須事前統一精神，以便發揮全力，其行為或態度極為真誠感人。但是跳部比賽並非均在容易集中精神的場域舉行。愈是大規模的比賽觀衆愈多，報告員的聲音，觀衆的吵聲，均會影響選手的精神。一般來說，當進入決賽階段時，多數觀衆會注視參加決賽選手的一舉一動，氣氛會相當緊張而具有壓力，為此需要研究對付上述氣氛或壓力的對策。但是在預賽或水準較低的比賽，大會不會考慮到如何幫助參加選手去集中精神。

　　對於徑賽來說，不論預、複決賽，在起跑時，大會會考慮到如何方便參加選手容易集中精神。雖然有時也會有其他聲響或因進行田賽而引起觀衆的讚賞或嘆聲等，但是總是比起田賽選手的處境要好得多。

　　由上述理由可知，多半跳部比賽均需在噪音中進行，所以有些選手會在無法發揮實力狀態下完成比賽，以致發生連預賽成績都通不過的憾事。

　　由反應時間的實驗結果已知，為下一個動作集中精神（換言之，在心理上先行準備）與保持自然態度做反應時，前者的反應時間，顯然的比後者要短，尤其從事複雜動作時，這種集中精神更為重要。因為集中精神後比較容易控制身體做正確的動作。

　　參加比賽之前，所做的準備運動，不僅可收到活動筋骨，提高體溫，還具有心理準備，集中精神的作用在內。最具體

的事實便是助跑前的靜止動作，集中精神。

如想要跳出較好成績，在平時練習時跳躍選手應多磨練抵抗干擾的精神。這種精神性的抵抗力，通常隨著比賽的經驗次數會增強，但是對於未曾參加比賽的選手來說無法等待比賽經驗去獲取這種抵抗力。必須在平時練習時，培養抵抗干擾或壓力的能力才行。

起自於周圍的噪音與接受該噪音的人具有相對關係。周圍無噪音時，處在該環境者當然聽不見聲音。但是聽者的精神條件可以引起不同的反應。有些居住在吵雜的城市中無法入睡者，一旦移至深山暫居時，可能受風吹樹梢的聲音而同樣的無法入眠。由此可知愈是介意噪音，愈會感覺噪音愈大。相反的，物理性聲音雖然大，但只要不去理它時，却不太會有影響。

為此有些教練會要求選手在參加比賽時全力拂去雜念，全力以赴比賽。這種行為說來容易，但真要實行時却不簡單。沒有任何心理依據實無法使心安下來或靜下來。參加比賽時的運動員應保持「動中靜」、「靜中動」的身心狀態。為此使用一連串動作的「意像化」或「言語化」是相當有效的方法。這種方法是利用集中精神於某件事物，以轉移對噪音的注意的方法。這種能力可由日常練習中加以培養的。

(九)三級跳遠及撐竿跳高的系列性學習（練習）

某些運動是由不同的身體動作，或系列性一定順序實施的。以三級跳遠與撐竿跳高為例，這兩種運動是由若干運動動作所組成，並且依一定時間的順序進行的綜合性運動。換言

之，三級跳遠的技術是組合三個跳躍技術而成的綜合性跳躍運動。

但是僅分別練習騰步（ Hop ）跨步（ Step ）跳步（ Jump ）而最後將其組成三級跳遠動作却無法創造優異的紀錄。必須在平時練習時先做有效的組合與練習，才能獲得優異成績。因此也可以說三種跳躍技術組合本身就是三級跳遠的技術本質。三級跳遠時，在何時開始跨步動作呢？是否完全成騰步後才開始呢？或是未完成騰步之前就開始準備？以現象性行為來說，似乎完成騰步後才開始跨步，實際上第一步（騰步）的動作尚未完了。因此如何將未了的騰步接成有效的跨步是一個問題。這種關係對第二步與第三步來說，也是存在的。換一句話說，前面的動作會影響後面的動作。

著名的日本職業棒球選手，長島、廣岡等的傳接球技術極為優異。確實的原因是，他倆的接球與擲球動作的連接極為合理有效、正確迅速的緣故。

由上述可知，平時只分別練習騰步、跨步、騰步技術時，無法完全練好整個三級跳遠的技術。應多練習整個三級跳遠的動作才行。此時最重要的在腦筋裡面先透視三步跳躍的連接與配合，以便控制身體的動作。

再談撐竿跳高時，可以發現上述問題更深刻而複雜。撐竿跳高是使用撐竿的一種跳躍動作。因所用撐竿的種類或性質的不同——例如：竹竿、合鋼竿、玻璃纖維等——而跳躍技術會發生極大的差異。尤其是玻璃纖維竿的彈性極大。使用玻璃纖維竿時難於從事分段性技術練習。如果想以本身體重

— 124 —

，吊彎撐竿，利用撐竿所產生的反彈力量躍過最高點時，最重要的技術是巧妙的將本身的體重吊在撐竿上。

但是慢速度或短助跑的起跳與快速度長助跑的起跳後，身體給予撐竿的作用力不相同，結果撐竿的彎度亦不同。當然因反彈性不同而跳躍的性質會改變。

因此只練習利用體重吊彎撐竿時，可能只能學會與參加比賽時的實際跳躍不相同的技術。任何一位優秀的撐竿跳高選手，均具有本身體重吊彎撐竿的本事（技術），如非具有這種條件，即無法學會優異的整個撐竿跳高技術。

為此撐竿跳高選手在練習分段動作（技術）時，應準備本身的整個試跳過程的照片或影片，配合整個動作的需要與改進，練習部份動作，當然這些動作包括助跑、插穴起跳、擺身、引體轉身、倒立過竿等動作。

由於撐竿跳高場地、設備、器材的研究改進，撐竿跳高的世界紀錄由1960年的四公尺八二進步到現在（1985年）的五公尺九十以上。其進步幅度達一〇八公分以上。分析其原因，運動員的跳躍技術固然進步，但是跳躍器材或場地設備的改良也是主因之一。例如不斷改良撐竿，使竿子本身更輕、更堅毅而富有彈性，跳高架的改良使橫竿比以前顯得低，加上海綿墊或泡沫墊的進步，增加運動員落地的安全感，使運動員能將全付精力放在助跑、起跳、過竿的技術上。相反的，由於玻璃纖維竿的改進，彈性大增的情況下，使運動員必須花費較長時間熟悉竿子的性質，並研究各段與整個的跳躍技術。因此，隨着科學的進步、運動場地、設備、器材的改

進，運動技術也會不斷的進步。同樣的運動選手的心理負擔
也會加重。爲此身爲敎練或運動員應該了解這種事實才好。

七、擲部比賽的心理

(一)擲部選手容易怯場：（附圖22　項目別的怯場度、松田）

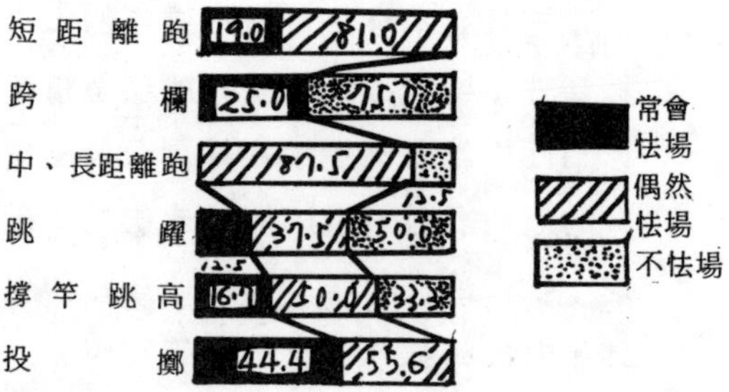

一般人認爲體
格高大，孔武有
力的運動員其性
格多半外向、明
朗、誠懇、坦白
、大方。實際上
這種看法不一定
正確。田徑運動

圖22　項目別的怯場度、松田

短距離跑	19.0	81.0
跨　　欄	25.0	75.0
中、長距離跑	87.5	12.5
跳　　躍	37.5	50.0 / 12.5
撐竿跳高	16.7	50.0 / 33.3
投　　擲	44.4	55.6

常會怯場
偶然怯場
不怯場

的擲部選手，其體格雖然高大，肌力也很強，但是其性格不
一定外向。反而有不少的選手是屬於內向、敏感、掛念性的
。爲證明這個事實，可以參考日本筑波大學敎授松田岩男所
做調查的結果。

松田敎授曾以參加日本全國高中東西田徑對抗賽選手做爲
對象，調查怯場情形。這種調查是屬於自我診斷性質者，並
非表示客觀的怯場現象。雖然如此，一個選手在參加比賽時
，如能自我診斷本身的身心情況，確實對調整身心條件，發
揮全力參加比賽有幫助。

由上圖可知「常會怯場」者以擲部選手爲多，佔44％　；

其次為跨欄、短跑、撐竿跳高等選手。再看「從不怯場」者時，却沒有一個擲部選手與短跑選手。由這個調查結果可知上述兩項選手與其他項目選手在怯場的反應上有顯著的不同。再比較擲部選手與短跑時，前者比後者多一倍有餘，可知在田徑選手中最容易怯場的是擲部選手。

參加比賽時的怯場是一種因過度緊張所引起的情緒性混亂狀態，以致身心失去協調統制能力，無法發揮原有的實力或技術水準。由此可知神經敏感，患得患失的人比較容易怯場。不過怯場會受許多因素影響，例如比賽項目的獨特性質，或比賽經驗等。

擲部比賽時需在短時間發揮最大肌力，以巧妙的技術將投擲器材擲出的比賽。由於投擲場地受限制，更容易使參加選手增加心理的壓力，促進內心的緊張不安。

假如比較平時練習與比賽時的投擲比賽，可能發現兩者差異最大的項目是擲部項目。由此可以瞭解心理條件對於擲部項目的比賽具有強大的影響力。為此在平時練習時，應多考慮，實際比賽的條件，以磨鍊臨場不危、鎮靜以赴的態度。最好的方法是採用比賽方式的練習。換句話說練習投擲時必須在投擲圈內或規定的投擲場地全力以赴，並且改變各種物理或人的環境下練習。

對擲部選手來說，加強肌力是極為重要的一個工作，但是需要切記投擲技術是受投擲圈（場）所約束的技術。如果在平時練習時不考慮這種技術因素，隨便投擲時，一旦參加比賽，即無法適應比賽場面而會遭到失敗。

　　不用投擲或投擲場的練習並非正確合理的練習法。這並不
是說不能在投擲圈（場）外練習。爲求部分技術的改進或加
強肌力，當然可在投擲圈（場）外練習。但是切勿忘記，練
習的最後目的在於學好投擲圈（場）內的技術，因此技術的
練習重點因放在投擲圈（場）內的練習才對。這種練習法也
就是預防怯場的一種有效方法。

㈡其他選手的投擲姿勢會影響本身的投擲成績。

　　跳部項目與擲部項目同屬田賽項目，也具有許多相同的心
理性問題。但是也有不少差異。兩者間最大的差異是跳部運
動的目的在利用加速度、彈力或器材務使身體能跳的高或跳
的遠，而擲部運動是利用加速度或離心力將力量加上投擲器
材，使投擲器材能夠飛遠。因此以投擲運動來說，對投擲器
材的重量意識，爲出力投擲器材的精神集中，投擲器材離開
手的時機等，投擲物體與人之間會發生各種新的問題。這個
問題是多項擲部運動均在狹小的投擲圈內實施而隨著會發生
微妙的心理問題。投擲選手參加比賽時必須依照試擲順序在
狹小的投擲圈內利用跨步、滑步、轉身等動作投擲鉛球、鐵
餅或鏈球。因此任何一位選手均會在近距離觀看試擲選手的
一切投擲動作。

　　當一個人在緊張的時候，雖然自覺以自己的意志運動或操
作時，實際上受所處場域（ Field ）力量——也就是說受當
時的視覺條件極大的影響。往往會受試擲選手的特殊動作的
影響，使得自我的技能體系發生動搖，甚至崩潰。

　　參加比賽時，只要注意觀察試擲選手的動作就可以判斷該

選手採用何種投擲法或身心的情況如何？但是假如在極緊張的氣氛下投擲時多少會影響自己的動作。

當看到摔輸柔道選手時，接著上場的柔道選手也可能會遭到滑鐵盧。為什麼會發生這種現象？根據心理學家的研究，是一種受前者摔法或動作的強烈影響，以致引起心理動搖而失敗。這種現象是平時所練成的技能體系受新的視覺條件所攪亂的結果。尤其在這種比賽場面，多在極強的心理緊張中觀看對方的比賽動作，所以容易造成緊張體系。而這種緊張體系會影響自己出場比賽的動作。

假如比賽對象的實力遠不如自己時，也許不會有上述影響。但是對象的實力極強或與自己伯仲時，其影響力極大。換一句話說，加上心理性動搖而會使運動技術或姿勢會發生變化。

非對人性運動的擲部運動比賽，在性質上雖與摔角或柔道不相同。但是自我的投擲動作確會受其他同時參加比賽選手的投擲動作的影響。（附圖23─看了對方的投擲動作後，會影響自己的投擲動作）任何一個人參加比賽時都會注意自己與比賽對方的動作（

圖23　看了對方的投擲動作後，會影響自己的投擲動作

為達到知己知彼百戰百勝的道理來說極為重要）。

　　但是這種注意自己、對方的比賽動作會產生一種「不足為懼」「相當不錯」「不可輕敵」「強敵」等心理反應。這種反應會使選手本身產生心理緊張與不安以致攪亂技術體系，無法發揮平時的實力。這種現象也會發生在籃、排、足、棒、手球等團體性運動比賽。尤其經驗少，缺乏自信心的選手極會受視覺性的意象而影響本身的技術體系。例如觀看對方的賽前練習時的漂亮動作而產生技不如人的心理狀態，以致出場比賽時無法表現平時所練得的優異技術。

　　擲部比賽依規定必須在狹小的投擲圈或投擲場依順序試擲，並且該試擲動作是在裁判員、其他參加選手、觀眾等前面實施。因此不論如何具有優異技術的選手，其動作更容易引起其他選手的注意，結果也會發生強烈的心理影響。尤其對本身的投擲姿勢尚未固定化的選手或在緊張度相當高的大會，其影響愈大。在日常生活中，假如一個人處在極端緊張時極容易下意識的模倣別人的動作。遭遇大地震時人們會慌亂失措不辨方向，脫門而奔走便是一個例子。

　　由上述事實可知容易怯場或受他人影響的選手，最好參加擲部比賽時不看別人的投擲，利用等待的時間回饋本身的投擲動作，以便試擲時集中注意力發揮最大能力創造優異成績。

㈢投擲時「視點」的重要性。

　　當一個人想要做某一合理運動時，均須有其依據。這些依據包括透過視覺所獲得的合理動作，聽說明後在腦中所描繪的合理動作的意象，透過身體運動所體會的（平衡感覺、位置感覺等身體深部感覺）合理運動的感覺等。

經過無數次的有意練習之後，人的動作會具反射性質。此時已不需要任何「動作的依據」而隨心所欲的逐行預期的運動（熟練）。

不過運動中的各種運動技術具有時間性過程中做有系列實踐的性質。在這些系列性動作中固然有些是以反覆練習使其具有反射性質，但是有些並不然，必須經由人的意志與理智加以統御與控制才行。

尤其爲了發揮自我的最高能力，必須將精神集中於某一目標，使身心的功能導向同一方向或集中才行。此時運動時的「注視點」具有重要的角色。

以舉重比賽爲例，比較初習者舉重時，確定視點與否的成績會發現確定視點、集中精神的舉重成績爲佳。至於熟練者，可以在內心裡設定等視點同樣的心理依據，所以雖然沒有具體的視點也可以舉上良好的成績，但是爲了能夠在內心裡自行設定視點，在平時練習時應在現實的練習場面設定視點才好。經過實驗已知，人在運動時，如果有具體的視點時比較容易集中精神。

有許多顯著的實例證明人的動作受視點的影響，以手球或足球的射門爲例，當射手以足踢球（手擲球）射門時多會避免守門員而向球門空隙方向射門。但是結果有不少射手會將球踢向或擲向守門員或守門員容易防守的位置。有些甚至會給球員發生無間意以守門員爲目標射門。分析其原因，守門員推理射門方向迅速反應射門方向控球是其原因之一，但是射門時將「視點」擺在守門員是主要原因之一。

　　一個人處在緊張狀態運動時，會有下意識的向視點方向運動的傾向。只要會騎腳踏車的人，可能都有一種下列經驗。就是說騎車行駛時，有時愈想避開某物體或行人時，愈會將車駛向該物體或行人，甚至將其撞倒。同樣的行人會避免車子撞倒而想避開時，愈會向車子方向偏過來。

　　上述事實均為不利的實例，所以當我們練習足球或手球射門時，應多練習將視點放在球門的空隙才好。

　　以擲部運動來說，很難訂定視點。為此只好委任本身的實力或對投擲姿勢的感覺，發揮自我的最高能力。不過在投擲時，如能將視點訂在空間某一點時，比較容易控制或支配身體的動作。投擲角度是影響投擲成績的重大因素之一，故可以考慮以投擲角度做為視點的依據。

　　在空間很難訂定具體的目標或視點，但是經過多次的反覆練習後，確可自訂視點。因此在平時練習時不僅需多注意投擲感覺的磨練，更需要培養能適用任何比賽場地的意識性視點，以利比賽時之投擲才是上策。

拾、致勝之道

　　許多年輕人或成年人均極喜愛運動（ Sports ）。但是人們所愛好的運動，依其所從事的運動目的，可分爲好幾種類。例如爲促進身體平衡發育，維護身心健康而運動；爲調劑緊張、單調枯燥而運動，爲休閒娛樂而運動，爲復健身體健康而運動，爲創造優異成績爭取錦標而運動，爲謀生而運動等。

　　本書著述重點放在創造優異成績，爭取錦標的競爭性運動比賽上，其目的在於求勝或創造最高記錄。

　　任何一個健康正常的人都有一種期望或需求。也就是想要出人頭地，發揮個人最高能力，創造優異成績。雖然競爭或比賽的對象不同，人人均有這種心理需求。

　　現代國際奧林匹克運動會是由法國古柏丁（ Pierre　De．Coubertin 1863-1937 ）基於恢復法國青年的士氣與促進國際間友好關係以達成世界和平，努力奔走所恢復的。古柏丁雖然主張國際奧林匹克運動會之目的在「參加」而並非「獲勝」；但是另一方面却標榜青年人應向更快、更高、更遠的目標努力。尤其近年來國際奧林匹克運動會成爲政治干擾的代表性場所後，各國國家爲顯示國家的實力，不斷加強訓練選派最優秀選手參加各項比賽。當然參加的目的包括許多，但是求勝却是不可諱言的重要目的之一。近年來非洲各國選手的興起，在田徑賽中，長距離賽跑

方面屢創佳績，打敗歐美各先進國家的選手便是極佳的例子。

　　爲此今後如想在國際奧林匹克運動會或國際各單項運動競賽裡想要出人頭地，非痛下決心，培養優秀運動員不可。玆介紹若干位運動界權威對「致勝之道」的看法以供讀者參考。

一、日本排球協會專務理事前田豐的看法（註二十）

　　前田豐曾任遠東運動會時期的日本國家排球代表隊員(九人制)，一生對排球運動的發展貢獻很多。不僅本身是排球國手，退休後曾在學校指導多年的排球代表隊並連續保持將近一百次的光榮勝利記錄。也擔任過若干屆世界杯，國際奧林匹克運動會日本排球代表隊的總教練。後來出任日本排球協會理事、秘書長、常務理事等要職。迄今仍對日本排球運動的普及及技術水準的提高不遺餘力。日本的男女排球實力能提高到今天這個高水準（按 21 屆蒙特婁奧運會，日本女子排球代表隊以直落三擊敗蘇俄而榮獲冠軍），前田豐的努力與貢獻確不可勿視。

　　由於前田對於排球運動的閱歷與研究，對於排球運動致勝之道有獨特的見解。他認爲一般人的「想要提高運動技術水準必須先行求普及。換句話說先擴大底邊然後加高頂點」，的觀點有商榷的餘地。他說現今日本有三萬隊媽媽排球隊，使得國內人士驚奇爲什麼日本婦女這麼喜愛排球運動。爲解答這個答案，曾經調查媽媽排球隊隊員們打排球的動機。結果所得答案中因「看過東京奧運會時東洋魔女隊的優異表現後才決定打球」的竟超過半數。這種事實亦可由我國少棒、青少捧、青棒連獲

數屆世界冠軍後普遍引起青少年打棒球的事實獲得證明。

　　因此為了提倡全民運動，發掘優異天賦運動員加以嚴格訓練，使其在國際運動競賽中出人頭地是一種極有效的辦法之一。前田豐認為如想要在國際奧林匹克運動會獲得優勝，必須遵守下列六個原則：

㈠具有優異的體格

　　排球運動是六人（九人）成一隊在長度 18 M 寬度 9 M（九人制長 22 M 寬 11 M ）的場地內，隔著網高 2 M 43（女 2 M 24 ）各站半場，根據一定規則以發球、傳球、托球、擊球、攔網等技術爭勝負的運動。由於場地的大小與球網的高度是一定的，如果出場比賽球員的高度均較對方為高時，無論擊球、攔網、救球均較體格矮小的有利。所以現今國際一流的排球隊員其全隊的平均身高，男子多超過 1 M 90 以上，女子超過 1 M 75 以上。由此可知如果想要訓練一支常勝軍，當選拔球員時第一原則是注意身高體大者。

㈡有堅強的體力

　　體力所包括的內容相當多。如果想要在國際性比賽出人頭地，非具備速度、肌力、耐力、彈力、柔軟性、協調性、正確性、平衡性等基本體力與跑、跳、擲等基本運動能力不可。許多體育運動專家認為，一個優秀運動員應具備強健的體力，優異的技術，堅毅的精神力才能奠定好創造優異記錄或成績的基礎。由此可知不論何種項目的運動選手，不可缺乏雄厚的基本體力。

㈢要有優異的運動技術

　　高大的體格，雄厚的體力是先決的條件。透過長時間的反
覆練習才能學會如何發揮高度的運動技術。這些運動技術包
括基本技術與應用技術；也包括個人技術與團體技術。

㈣有效的策略或戰術

　　運動比賽的場面是緊張的，其過程是千變萬化的。尤其是
屬於團體運動的球類運動，利用虛虛實實的戰術，以克敵致
勝是極爲重要的事情，排球比賽中的虛攻，利用假動作後的
快攻，賽前的示威性練習，故意晚到球場等，在規則所允許
的範圍內應用致勝方法便是戰術。因此想要克敵致勝，研究
新奇有效的戰術是不可缺的條件之一。

㈤豐富的比賽經驗

　　有許多教育心理學家說，行爲的發展是經驗累積的結果，
學齡前幼兒已能辨別是非，能適應日常生活是因出生後歷經
了若干年的生活經驗。

　　運動員也是一樣，初出茅廬的新人選手，出場比賽時常會
受場面的支配，心理過份緊張不安，比賽時完全失去自己而
無法發揮平時的實力。甚至會影響整個球隊的演出。但是經
過若干年的大小場比賽之後，已能適應各種物理性環境或社
會環境，隨時隨地可以發揮個人及團體的實力。

㈥旺盛的精神力

　　構成旺盛精神力的主要因素有意志、情緒與智力。換一句
話說，運動員應明瞭目標，爲達成目標，激起強有力的鬥志
，保持高昂的士氣，發揮團體合作，精神，以致克敵致勝。

　　不過話又說回來，任何訓練有素的球隊均具有旺盛的精神

力，因此在比賽時如何運用戰術，與經驗擊敗對方是一件極
爲重要的事情。

㈦運氣

　　有時候會發現某些球隊的體格、體力、技術、戰術、經驗
、士氣等均極爲優異，但是不知何種原因，却打了場敗戰。
也許這就是球運不佳所致的結果。球運的好壞，極難加以人
爲的控制，只好聽天由命。不過如能在賽前消除可能發生的
不利因素時，這種不佳球運的發生可能減少到最小的程度。

　　前田豐說一個球隊如能把握住上述七個原則，做有計劃的
訓練時，必能在國際性運動競賽出人頭地。

二第21屆蒙特婁奧運會女子排球冠軍敎練山田重雄的看法（註
二十一）

　　今年四十五歲的山田重雄在小學四年級時死別母親後，過著
極辛苦的日子。但是自小擅長各項運動的他，在鄉鎭、縣等運
動會裡常有優異表現。後來赴東京考進東京敎育大學體育學院
深造。也許東京敎育大學體育學院的學生均來自全國各地區的
優秀運動人材，山田重雄在比較中顯得並不突出。於是在十八
歲時開始擔任排球敎練。畢業後曾在東京都任敎，尤其1964
年東京奧運會時正任職於三鷹高中。當時爲了參觀奧運會排球
錦標賽，曾遠赴橫濱會場，排隊購票入場。

　　當時受到東洋魔女隊擊敗强敵蘇俄榮獲冠軍的影響，曾下定

決心，也想要在奧運會中一顯身手。經過一、二年後，日立公司成立女子排球隊時受聘擔任教練。結果經過努力訓練獲得代表參加十九屆墨西哥奧運會女子排球代表權。會前雖然加倍努力練習，但是球運不佳終於以三比一輸給蘇俄隊而失去女子排球的后座。山田重雄經過此次嚴重打擊後，不僅絲毫不氣餒，默默的繼續努力，訓練日立女子排球隊選手，終於又贏得日本參加第21屆蒙特婁奧運會的女子排球代表權。不僅如此在蒙特婁的女子排賽中，一帆風順，連敗各國代表隊，尤其難能可貴的是以直落三的比數打跨了蘇俄女子排球隊，重獲女子排球冠軍，雪恥了八年前墨西哥奧運會挫敗之仇。

　　山田重雄說，訓練女子排球選手最重要的事情是培養專心、自立、獨創又能合作的球員，他認為直接參與比賽的是球員而並非教練。進入球場後完全要靠球員本身的推理、判斷、臨機應變，使得平時所練成的實力得以發揮盡致。例如發球員持球站在發球區後，該球員需考慮將球發至何處？怎樣發球？是發到對方的有力攻擊手或最差的球員處？或是發給不易傳給做球員的地方？這些技術便是勝負的關鍵。做球員在網際托球後攻擊手須視對隊的攔網與防守隊形來決定攻擊方向與攻擊方法。防守時也是一樣。像上述比賽中的動作與判斷，完全要靠上場比賽的運動員去發揮。所以身為教練者應在平時多注意這些要點做有系統的訓練才能克敵致勝。假如球員在比賽中無法自主、獨立、配合互為支援，須靠教練在場外指導時，這個球隊等於機器人，不論戰術運用或是團體合作必遜於對隊，結果會招致失敗。

一般來說，女性較男性富倚賴性。難怪不少日本著名的女子排球教練們均異口同聲的說，應以「理」帶男子球隊而以「情」帶女子球隊。不過雖然如此，不管帶男子隊也好，女子隊也好，最重要的是讓球員們充分了解眞正上場賽球的是球員而並非教練。教練只不過是在比賽中授些戰術上機宜而已。最重要的還是靠球員本身的聰明才智、旺盛鬥志與純熟的技術才能取勝。

三日本女子籃球國家代表隊教練尾崎正敏的看法（註二十二）

　　近年來日本籃球代表隊的技術水準有士別三日刮目相看的表現。尤其女子籃球國家代表隊的表現爲甚，曾擔任日本的國家女子籃球代表隊教練尾崎正敏在第 21 屆蒙特婁奧運會前夕在「新體育」（ 1976 年 7 月號 ）發表了「致勝之道」的談話。

　　尾崎認爲當今國際女子籃球隊中以蘇俄、捷克等鐵幕國家的代表隊最強。尤其蘇俄爲甚。曾獲世界杯錦標賽冠軍之蘇俄女子選手隊員的身高是包括 2 m 以上 2 人 ， 1 m 94 以上 4 人（ 2.10 m , 2.02 m , 1.98 m , 1.96 m , 1.95 m , 1.91 m ）的 12 名選手。獲得季軍的捷克隊也擁有 1 m 90 以上選手 4 人之多。反觀日本的代表隊中 1 m 80 以上（ 1 m 84 , 1 m 83 ） 2 人，其餘均爲 1 m 70 至 1 m 79 之間。因此想要在國際比賽出人頭地站一席之地時，需在體力、技術、戰術等實施超人的訓練不可。

。因此尾崎教練認爲想要在蒙特婁奧運會威脅蘇俄，爭取獎牌時非做到下列幾點不可：

㈠改造選手們的體力

　　由於日本的代表隊選手，平均或個別身高不如歐美國家的選手，因此祇能在速度、彈力、柔軟性、耐力等籃球所需體力的訓練下功夫，使得上述體力比其他國家代表隊強，以便奠定攻守技術的基礎。

㈡超快速的火箭攻擊與魅影防守

　　籃球比賽貴於快攻與嚴密的防守。一旦搶到球以後，乘對方來不及回防之時，以快攻方式取分等於探囊取卵，同樣的當對方取得球權時，人人發揮魅影般的緊隨防守技術，阻碍對隊球員傳球或出手投籃，甚至製造機會使對隊失誤。如此才能夠克強敵致勝。當然這種快攻緊守必須經過長時間嚴格的訓練才能獲得。

㈢開發新技術

　　籃球是一隊五個人在規定球場上互爭籃球，並以投中籃所得分的多寡判定勝負的運動比賽。在各隊實力勢均力敵之今天，想要出人頭地榮獲冠軍確非易事。尤其選手們的體格條件不如他隊時更爲困難。此時唯有在戰術方面下功夫，發明新的攻守法才能奏奇效。

　　以尾崎教練所構想的戰術來說，籃球隊攻擊的主軸應由防守獲得球後，以下列四段火箭，發動快攻才行。一是搶到對隊的球以後立即傳球發動快攻，二是，對方得分後由端線後迅速擲界外球發動快攻，三是搶到籃板球後發動快攻。四是

擲界外球後立即發動快攻。這些快攻必須在團結與強烈的信念下才能成功，當然在這種信念，團結配合之下必須具有高超的基本與應用技術才行。

尾崎教練又說，如果想要達成上述目標，應採用下列方法指導並管理女子籃球選手才能收效。

1. 提示包含口號或標語在內的具體課題。一般來說，女性均較富倚賴性，對於如何構築自己的意象不太積極。此時如能明示，簡單具體的課題或口號，可以助其建立意像。這種口號或課題的指示，不僅對個人，對團體也極有效。

2. 課題的明確指示，必須能發展個人的特性。教練的職責在於充分了解每個選手的身心狀況，助其改進缺點，發展其優點。因此所給與的指示必須是適合每個選手，並且能補短助長的才行。

3. 指導女子球員時，應併用叱責與讚美。叱責球員時應採用注意的方式？責備的方式或大罵的方法？身爲教練者應多加考慮才是。不論如何應避免感情性的責罵才好。除叱責以外適當的讚賞確可樹立選手的自信心，但是過份的讚賞容易養成驕傲心理。因此對教練來說，如何使用叱責與讚賞是一件極爲重要的課題。

㈣培養選手自主自覺的態度

由每日的訓練與生活中，讓選手們體會，他們的訓練與生活的終極目標是什麼？爲此每一位球員應怎麼辦？最好的方法是使球員們能認淸個人與團體的目標與職責，訂定自律性公約，並且每日寫日記以爲檢討改進，樹立自覺的精神才好。

㈤設有隨隊醫師

優異的運動技術必須經過長期激烈練習才能獲得。在長期苦練中難免會發生傷害，此時如有專任醫師，應即加以治療，可以減少球員身心所存戒心或不安的心理。使球員放心全力練習。先進國家代表隊均設有這種隨隊醫師，難怪球員們無後顧之憂，每一次參加比賽時能全力以赴。

後　記

　　有人說自有人類就有運動（ Sports ），有運動就有比賽。而比賽方式的確定，規則的研究改進，確能促使運動技術或成績日新月異。

　　自一八九六年恢復現代奧林匹克運動會以來，世界各國的運動成績不斷被刷新。尤其第二次世界大戰結束後，已歷三十一年的今天，各項運動成績已接近人類的生理極限。

　　雖然如此人類求進步的慾念並無止境，仍然不斷的在那裡孜孜不倦的苦練，不斷的研究新技術，以求刷新更高、更遠、更快的記錄或更優異的技術。

　　優異的記錄或成績多在比賽場面產生。有了比賽必有勝負，為求勝必須歷經滄桑，千錘百鍊才能夠獲得成功。只要體會過運動員生活的，都會了解參加比賽的滋味。

　　筆者本身在師範、師大求學期曾經熱中某些運動競賽，並且參加過不少次比賽，其經驗雖不敢說極為豐富，但是倒體會過甜、酸、苦、辣等各種滋味。結束運動員生涯之後有對探討體育、運動的心理發生濃厚興趣，經二十餘年來的摸索與研討終於搜集些有關運動比賽心理的資料。為提供現役各項運動選手與教練之參考，終於不顧才疏學淺之忌，鼓起勇氣提筆著寫這本小冊子。但願這本書能給愛好運動比賽的選手諸君與各位教練做為平時練

習及 加比賽時之參考。

後對於配合本書以漫畫方式提供插圖的省立台北師專漫
社社 陳根旺同學及負責抄稿的陳惠滿同學，與大力贊助出版
學生 局表示深沉的謝意。

註 1. 現代スポーツ心理學　　松田岩男　　日本體育社
　　　P20-21　　　1967年7月

註 2. 體育科教育　　1975年10月號　　P10　　　大修舘書
　　　店　　「國民スポーツ權」　　竹之下休藏

註 3. 「スポーツの觀衆」　　大學の保健體育　　松井三雄
　　　1956年

註 4. 陸上競技の心理　　松田岩男　　ベースボールマガジ
　　　ン社　　P13-15　　　1966年8月

註 5. 現代コーチング　　前川峯雄等編　　P5　　體育の科
　　　學社　　　1961年10月

註 6. 新性格檢査法　　辻岡美延　　竹井機器株式會社
　　　1967年7月

註 7. 競技の心理　　P50　　長田一臣　　道和書院
　　　1971年9月

註 8. 現代スポーツ心理學　　松田岩男　　P20-25
　　　日本體育社　　　1967年7月

註 9. ストレス（Stress）　　近代社會の健康生活　　田多
　　　井吉之介　　創元醫學新書　　　1970年11月

註 10. 現代スポーツ百科事典　　P635　　日本體育協會編
　　　大修舘　　　1970年10月

註 11. 陸上競技の心理　　P18-28　　松田岩男　　ベースボ
　　　ールマガジン社　　　1966年8月

註 12. 體育心理學（第三章）　　吳萬福　　台灣商務印書館
　　　1970年2月

註13. Psychology of Coaching John D. Lawther
Prentice-Hall, Inc. Copyright 1951 in U.S.A.

註14. 「運動選手の性格特性とアガリに關する研究」
松田岩男 日本體育協會體育學研究 第6卷1號

註15. スポーツマン教科書 N.G.オゾーリン，A.O.ロ
マノフ他共著 岡本正巳譯 1966年

註16. 體育科學事典 P384-385 第一法規 1970
年6月

註17. 接力教學的探討 吳萬福 65年慶全國大專院校
體育學術研討會專刊 輔仁大學 1976年8月

註18. 競技の心理 P89 長田一臣 道和書院
1971年9月

註19. スポーツと催眠 P85-104 長田一臣 道和書院
1970年10月

註20. "バレーボールその勝利のための戰略" 新體育
1976年7月號 P35-37 前田豊 新體育社
發行

註21. "もう金メダルを得た者がいる" 山田重雄 同上
P42-45

註22. "奇跡への挑戰" 尾崎正敏 同上 P46-49

參考書籍

1. 體育の心理　　後藤岩男　　全子書房　　1949年2月
2. スポーツトレーナー教本（二級用）　　日本體育協會
  1974年3月　　增補修訂
3. 運動心理學入門　　松田岩男編　　大修舘書店　　1976
  年1月
4. 運動心理　　松田岩男等共著　　吳萬福譯　　維新書局
  1968年8月
5. 體育スポーツ指導の心理學　　B．J．Cratty著　　平田
  久雄等共譯　　1971年1月　　講談社
6. 人間の理解（內田クレペリン精神檢查法による）　　小林
  晃夫著　　東京心理技術研究會　　1970年7月
7. スポーツコーチの心理學　　J．W．Moore著　　松田岩
  男監譯　　大修舘書店　　1973年7月
8. 實踐スポーツ心理　　A．T．Puni著　　藤田厚、山本斌
  共譯　　不昧堂　　1967年10月

著者簡歷

民國 19 年（ 1930）7 月 6 日出生於台北市

民國 43 年（ 1954）7 月畢業於國立台灣師範大學體育系

民國 49 年至 50 年（ 1960 至 1961 年 ）赴日本國立東京教育
大學體育學部體育心理學研究室研究

民國 73 年 1 月至 8 月赴日本筑波大學體育科學系研究

現任：省立台北師範專科學校教授、私立輔仁大學兼任教授

主要著作

1. 體育教材教法研究　　學生書局　　53 年 9 月

2. 體育心理學　　台灣商務印書館　　59 年 2 月

3. 有趣實用的徒手體操及墊上運動　國校教師研習會　59 年 4 月

4. 國民小學低年級遊戲　　國校教師研習會　　63 年 8 月

5. 運動心理（運動科學講座第6冊）（譯）維新書局　57 年 8 月

6. 近代運動訓練法(運動科學講座第1冊)（譯)維新書局 57 年9月

7. 田徑運動（譯）　　正言出版社　　64 年 4 月

8. 運動生理學（譯）　　水牛出版社　　68 年 8 月

9. 體育運動心理學實驗指引　　學生書局　　73 年 11 月

10. 糖尿病運動療法　　幼獅文化事業公司　73 年 12 月

11. 運動心理學問答與實際應用　中華民國體育協進會　73 年 12 月

國立中央圖書館出版品預行編目資料

運動比賽的心理/ 吳萬福著 -- 初版 -- 臺北市：臺灣學生，民66

2,146 面；21 公分

參考書目：面147

ISBN 957-15-0095-x（精裝）-- ISBN 957-15-0096-8（平裝）

1.運動 - 心理方面　2.體育心理學

528.9014

運動比賽的心理（全一冊）

著 作 者：吳　　　萬　　　福

出 版 者：臺 灣 學 生 書 局

本書局登記證字號：行政院新聞局局版臺業字第一一〇〇號

發 行 人：丁　　　文　　　治

發 行 所：臺 灣 學 生 書 局

臺北市和平東路一段一九八號
郵政劃撥帳號〇〇〇二四六六八號
電　話：3 6 3 4 1 5 6
FAX:(02)3636334

印 刷 所：淵 明 印 刷 有 限 公 司

地　址：永和市成功路一段43巷五號
電　話：9 2 8 7 1 4 5

香港總經銷：藝 文 圖 書 公 司

地址：九龍又一村達之路三十號地下
後座　電話：3 8 0 5 8 0 7

定價　精裝新台幣一二〇元
　　　平裝新台幣 八 〇元

中華民國六十六年五月初版
中華民國七十九年五月三刷

ISBN 957-15-0095-X（精裝）
ISBN 957-15-0096-8（平裝）